FUI CAPACITISTA, E AGORA?

DESCONSTRUINDO O CAPACITISMO NA PRÁTICA

Dados Internacionais de Catalogação na Publicação (CIP)
(Claudia Santos Costa – CRB 8ª/9050)

Santos, Allyne Cristina dos
Fui capacitista, e agora? : desconstruindo o capacitismo na prática / Allyne Cristina dos Santos, Bianca Salles Conceição de Andrade, Tamiris Aparecida Fachinetti. – São Paulo : Editora Senac São Paulo, 2025.

Bibliografia.
ISBN 978-85-396-5582-3 (impresso/2025)
e-ISBN 978-85-396-5583-0 (ePub/2025)
e-ISBN 978-85-396-5584-7 (PDF/2025)

1. Pessoas com deficiência – Direitos fundamentais. 2. Pessoas com deficiência – Inclusão. 3. Capacitismo. I. Andrade, Bianca Salles Conceição de. II. Fachinetti, Tamiris Aparecida. III. Título.

25-2480c CDD – 305.908
BISAC SOC029000
SOC031000

Índice para catálogo sistemático:
1. Pessoas com deficiência – Discriminação : Capacitismo 305.908

Allyne Cristina dos Santos
Bianca Salles Conceição de Andrade
Tamiris Aparecida Fachinetti

FUI CAPACITISTA, E AGORA?

DESCONSTRUINDO O CAPACITISMO NA PRÁTICA

Editora Senac São Paulo – São Paulo – 2025

Gerente/Publisher: Luís Américo Tousi Botelho
Coordenação Editorial: Verônica Marques Pirani
Prospecção: Andreza Fernandes dos Passos de Paula,
Dolores Crisci Manzano, Paloma Marques Santos
Administrativo: Marina P. Alves
Comercial: Aldair Novais Pereira
Comunicação e Eventos: Tania Mayumi Doyama Natal

Edição e Preparação de Texto: Caique Zen Osaka
Coordenação de Revisão de Texto: Marcelo Nardeli
Revisão de Texto: Mariana Jamas, Rebeca Fleury Kuhlmann
Coordenação de Arte: Antonio Carlos De Angelis
Projeto Gráfico, Editoração Eletrônica e Capa: Manuela Ribeiro
Imagem de capa e das aberturas de capítulo: Adobe Stock
Impressão e acabamento: Rettec Artes Gráficas

Editora Senac São Paulo
Av. Engenheiro Eusébio Stevaux, 823 – Prédio Editora
Jurubatuba – CEP 04696-000 – São Paulo – SP
Tel. (11) 2187-4450
editora@sp.senac.br
https://www.editorasenacsp.com.br

SUMÁRIO

APRESENTAÇÃO, 9

CAPÍTULO 1 SE LIGA NA HISTÓRIA: DE MONSTROS A SUPER-HERÓIS, 19

Estigma, 21
História social do capacitismo (e do anticapacitismo), 23
E o Brasil?, 26
O mundo do trabalho, 28
A escola: incluir para excluir?, 30
Modelo médico, social e biopsicossocial da deficiência, 32
Entre a romantização e a realidade, 35

CAPÍTULO 2 CAPACITISTAS: ONDE VIVEM? O QUE COMEM? O QUE FAZEM?, 43

O que é capacitismo?, 45
Tipos de capacitismo, 48
Quando o capacitismo linguístico encontra o capacitismo institucional, 55
Acessibilidade e barreiras, 58
As dimensões da acessibilidade, 59

CAPÍTULO 3 VOCÊ JÁ FOI CAPACITISTA? O CAPACITISMO NA LINGUAGEM, 67

Elogios? O que não se diz pode dizer muito, 69
Expressões populares: o preconceito cotidiano, 72
A culpa é da deficiência?, 77
Concepções e termos ultrapassados, 79
Sofrimento de quem? Falas que revelam desconhecimento, 84
A armadilha das conversas infantilizadas, 87
Pouco afeto que muito afeta: termos pejorativos, 90
A normalidade que a fala carrega, 93

CONCLUINDO: VOCÊ ESTÁ PRONTO?, 99

REFERÊNCIAS, 103

SOBRE AS AUTORAS, 109

Dedicamos essa obra a todas e todos que em algum momento da história foram invisibilizados das pesquisas, apagados das estatísticas, excluídos pela sociedade.

A todas e todos que, com muita luta, conquistaram seu lugar como cidadãos e abriram caminho para os que vieram a seguir.

A todas e todos os excluídos das formaturas, dos processos seletivos e de espaços públicos que não contemplam suas singularidades, mas também a todas e todos que trabalham, estudam e sobrevivem em uma sociedade capacitista, buscando inclusão e respeito.

APRESENTAÇÃO

Saudações! Esperamos que você esteja bem ao iniciar a leitura deste livro. Antes de abordarmos o tema principal, gostaríamos de nos apresentar. Somos três autoras: Allyne, Bianca e Tamiris. É um prazer conhecer você. Profissionalmente, somos doutoras em educação e educação especial. Acima de tudo, porém, somos educadoras, pois nossa atuação vai além da pesquisa e se concretiza no contexto escolar, onde trabalhamos diretamente com pessoas com deficiência, em prol de uma educação inclusiva.

Somos mulheres brancas, sem deficiência, e reconhecemos o lugar social privilegiado que ocupamos. Por isso, não podemos deixar de começar este livro refletindo sobre lugar de fala, um conceito um tanto polêmico, que tem sido amplamente debatido, sobretudo nas redes sociais.

Em primeiro lugar, como observa Djamila Ribeiro, não devemos confundir lugar de fala com representatividade. Ou seja, lugar de fala não quer dizer que só quem pertence a determinado grupo pode falar sobre ele. O importante é a consciência de que "o lugar que ocupamos socialmente nos faz ter experiências distintas e outras perspectivas", e que falamos a partir desse lugar (Ribeiro, 2017, p. 69). Assim:

> Uma travesti negra pode não se sentir representada por um homem branco cis, mas esse homem branco cis pode teorizar sobre a realidade das pessoas trans e travestis a partir do lugar que ele ocupa. [...] A travesti negra fala a partir de sua localização social, assim como o homem branco cis (Ribeiro, 2017, p. 83-84).

Concordamos com Djamila (2017, p. 86) quando afirma que "todas as pessoas possuem lugares de fala, pois estamos falando de localização social. E, a partir disso, é possível debater e refletir criticamente sobre os mais variados temas". Neste livro, partimos de nosso lugar de fala como mulheres, educadoras e pesquisadoras sem deficiência e nos posicionamos como aliadas dos movimentos das pessoas com deficiência. Isso nos permite abordar esse universo, mas não o vivenciar ou o representar. Discutimos as questões que envolvem a comunidade de pessoas com deficiência a partir da perspectiva da educação e da pesquisa científica. Por isso, para apresentar perspectivas que nós mesmas não teríamos, trazemos conosco narrativas de pessoas com deficiência.

Assim, depois dessa breve contextualização do nosso lugar de fala, queremos apresentar algumas histórias sobre pessoas com deficiência que presenciamos em nosso dia a dia como cidadãs e educadoras. O nome dos personagens é fictício, para preservar a identidade das pessoas envolvidas, mas as histórias, infelizmente, são muito reais.

Lendo essas histórias, você, pessoa com deficiência, talvez se lembre de episódios que viveu, e você, pessoa sem deficiência, quem sabe recorde situações de preconceito que já presenciou. Agora é o momento de perceber essas narrativas de uma maneira diferente, refletindo sobre direitos, políticas públicas e o quanto a violação da existência das pessoas com deficiência esteve e está presente no nosso cotidiano. Vamos lá?

MARIA, CAIO E A FESTA JUNINA

Era um sábado de céu azul, com o sol iluminando uma manhã fria. O dia da festa junina enfim tinha chegado, e as turmas da escola de Maria se preparavam para apresentar uma dança caipira. A família toda estava pronta para o grande evento. Maria dançaria pela primeira vez.

Nos dias anteriores, a menina, animada, contava sobre os ensaios, cantando a música caipira e mostrando os passos aprendidos com a professora. Chegou o grande dia, e toda a família estava presente para a apresentação: mãe e pai ansiosos, avós orgulhosos, tios prontos para registrar cada momento.

Ao chegar à escola, Maria perguntou à professora pelo colega Caio, que não estava lá. A tia de Maria ouviu a professora dizer: "Maria, o Caio não vem. Ele não anda, lembra? Como poderia dançar?".

Rapidamente, a mãe de Maria, percebendo que a irmã estava atenta à cena, comentou: "Ah, irmã, o Caio é aquele menininho com deficiência. É aleijado, coitado. Não conseguiu participar".

Um misto de sensações tomou conta da tia da menina, que também é professora. A euforia de ver a sobrinha dançar deu lugar à tristeza ao pensar: o que fizeram com Caio durante os ensaios? Onde ele estaria agora, senão pensando na festa de que não pôde participar? E a família dele, não teria a mesma alegria da família de Maria ao prestigiar a primeira apresentação na escola? Mas, depois da tristeza, veio a fúria: como assim, ele não anda e não pode dançar? O que essa professora estava pensando ao dizer isso? E a própria mãe de Maria, com sua fala: "É aleijado, coitado".

BRUNA, A PRIMEIRA DA FILA

Bruna, hoje adulta, vivenciou situações em sua trajetória escolar que merecem ser problematizadas. Bruna tem deficiência física (nanismo), e na época dessa história tinha 5 anos. Na pré-escola, as professoras frequentemente organizavam os alunos em fila para se locomover pela escola ou realizar atividades. Bruna era sempre a primeira da fila. E vocês pensam que ela achava isso ruim? Que nada! Ela adorava ser a primeira: a primeira a sair da sala para o intervalo, a primeira a beber água, a primeira a chegar aos lugares. Para ela, ser a primeira era muito bom.

Graças ao apoio da família, Bruna sempre teve uma boa autoestima. Para ela, a baixa estatura não era o problema. O problema era o seu entorno. Um dia, na fila, a professora olhou para ela com um ar de piedade e disse: "Fique tranquila, querida, logo o seu estirão vem". Bruna, porém, sabia que o estirão não viria – nem em um ano, nem em muitos.

ALICE NÃO SABE NADA?

Alice, uma aluna com deficiência intelectual, frequentava uma escola onde fazia um curso profissionalizante. Todo semestre as professoras faziam reuniões individuais com pais e responsáveis para relatar o desenvolvimento dos estudantes. Alice já tinha vinte e poucos anos. Em uma dessas reuniões, as docentes mostraram à mãe de Alice os progressos da filha em sala de aula: as atividades, as adaptações, os desafios superados – tudo o que Alice tinha desenvolvido ao longo do semestre. A mãe, depois de ouvir tudo com incredulidade, respondeu: "A Alice? Mas a Alice não sabe de nada, aquela menina!". Mal sabia ela que Alice sabia muito, muito mais do que ela imaginava.

Essas histórias, embora pareçam isoladas, permeiam o dia a dia de muitas escolas, influenciando a formação dos alunos. Ao frequentar a escola, eles não só desenvolvem habilidades, mas também constroem memórias afetivas que os acompanham ao longo de toda a vida.

Depois de terminar a escola, é comum iniciarmos nossa jornada no mundo do trabalho. Vamos conhecer duas pequenas histórias com esse contexto?

FELIPE, ASSISTENTE ADMINISTRATIVO

Felipe, um homem de 45 anos com deficiência intelectual, trabalhava como assistente administrativo em uma empresa – um cargo muito desejado por ele. Felipe era comprometido com seu aprendizado, proativo, amigável, sempre disposto a ajudar a todos, e se destacava por uma habilidade especial: a memorização. Ele fixava facilmente informações, processos, programas e datas, um ponto forte que poderia ser muito bem aproveitado. De riso fácil e convivência agradável, quem ouvia Felipe falar sobre o trabalho percebia o tamanho de sua satisfação em cumprir suas tarefas e o quanto se sentia feliz e realizado. No entanto, quem observava o ambiente de trabalho de Felipe percebia que nem tudo era tão perfeito quanto ele relatava. Era visível que estava cercado de pessoas preconceituosas, que muitas vezes pareciam sentir prazer em diminuir seus feitos e conquistas profissionais, ressaltar suas dificuldades e até mesmo demonstrar resistência em se aproximar dele. Felipe não percebia toda a discriminação presente naquele ambiente.

BRUNA, FARMACÊUTICA

Bruna, a menina com nanismo que gostava de ser a primeira da fila, continuou enfrentando barreiras na vida adulta. Ela concluiu o ensino médio, se formou farmacêutica e começou a trabalhar em uma farmácia. Ao chegar, percebeu a falta de acessibilidade. O balcão era muito alto, e as prateleiras dos medicamentos, mais altas ainda. Na época, pediu uma escada ao seu supervisor, mas o pedido não foi atendido. Infelizmente, Bruna já estava acostumada com essas barreiras e providenciou sua própria escada, trazendo-a de casa para continuar trabalhando. No entanto, o dia a dia não era fácil. Frequentemente, se deparava com comentários como: "Você é a farmacêutica? Não é possível!" ou "Você poderia chamar a farmacêutica para mim?". Ao aplicar medicamentos, chegou a ouvir: "Você já fez isso antes? Tem experiência?".

Bruna precisava constantemente se autoafirmar e provar à sociedade sua capacidade. Provar-se todos os dias não é fácil, e Bruna sabia que não precisava disso – ela era, sim, capaz. Então resolveu dar um basta, pediu demissão, e a resposta de seu chefe foi: "Você pode deixar a sua escada aqui?".

Parece absurdo, não é? Quando conhecemos essas histórias, percebemos o quanto ainda precisamos avançar no processo de inclusão. Agora, apresentaremos algumas situações vividas no contexto familiar.

LUANA, FALANTE DE LIBRAS

Única pessoa surda em sua família, Luana é falante da Língua Brasileira de Sinais (Libras). No entanto, a Libras só entrou em sua vida aos 11 anos. Antes disso, desde o primeiro ano de vida, Luana não teve escolha: começou sessões de oralização com uma fonoaudióloga para aprender a falar o português em sua modalidade oral. Ela foi oralizada, mas aos 11 anos encontrou a Libras, sua língua de conforto e de direito, por meio da qual se comunica e interage com o mundo. Sua família, porém, não aprendeu Libras.

Luana cresceu e começou a se sentir excluída dentro da própria família. Estar junto com os familiares já não era motivo de contentamento. As festas eram um terror e lhe causavam arrepios. O Natal, então, nem se fala. A família toda se reunia para confraternizar, conversar, matar as saudades. E Luana? Eram tantas bocas se mexendo, tantas leituras labiais para fazer... Ela não conseguia acompanhar. Percebia as pessoas sérias após uma história tensa, mas não sabia por quê. Via todos dando grandes gargalhadas, mas o que teria acontecido? Quando Luana perguntava, recebia sempre uma história resumida de que não achava a menor graça.

JOÃO, 47 ANOS EM BUSCA DE UM DIAGNÓSTICO

João, hoje com 54 anos, é uma pessoa com deficiência intelectual decorrente da síndrome de Dandy-Walker. Falar sobre deficiência hoje e há 50 anos é muito diferente e, nesse sentido, podemos afirmar que avançamos bastante. A síndrome de João se manifestou quando ele estava perto de completar seu primeiro ano de vida. Todo o seu desenvolvimento até então retrocedeu: ele parou de andar e de falar e passou a ter crises de epilepsia. A família procurou ajuda médica, mas não obteve respostas precisas. Desde então, João passou por vários médicos e profissionais de saúde, com várias suspeitas de diagnóstico, mas nenhuma exatidão. João cresceu, sempre estudando em instituições de educação especial. Nunca lhe foi dada a oportunidade de frequentar uma escola regular, pois, embora não tivesse um diagnóstico, era considerado uma criança que não aprendia.

Aos 47 anos, João começou a apresentar problemas de saúde: parou de andar, de comer e perdeu a autonomia para se locomover sozinho. Novamente, a família buscou um médico e, pela primeira vez, conseguiram fechar seu diagnóstico.

Aqui nos pegamos pensando: quantas oportunidades foram negadas a João? Pela falta de informação da família, pela ausência de um diagnóstico que poderia lhe garantir os direitos como pessoa com deficiência e pela falta de acesso à educação e a recursos que poderiam ter colaborado com seu desenvolvimento e, consequentemente, com uma vida de mais autonomia e escolhas.

As experiências de Caio, Bruna, Alice, Felipe, Luana, João e tantas outras pessoas são mostras do **capacitismo** – o preconceito e discriminação contra as pessoas com deficiência –, que é o tema norteador deste livro. Essas vivências negativas são parte da realidade enfrentada por crianças, jovens e adultos com deficiência. Infelizmente, a sociedade é capacitista.

Nosso intuito é apresentar a você um percurso histórico de como o capacitismo surgiu e se materializou em nossa sociedade, o que ele é, como se manifesta e como podemos desconstruir discriminações socialmente enraizadas, ajudando a construir uma sociedade mais humana, que valorize as diferenças.

A informação, o conhecimento e os esclarecimentos precisam ser compartilhados e disseminados para evitarmos situações como as descritas. É por meio desses compartilhamentos que podemos buscar uma educação de qualidade e equitativa, ambientes corporativos inclusivos, famílias mais instruídas para buscar os direitos das pessoas com deficiência e diagnósticos cada vez mais precoces. Assim, pessoas com deficiência terão oportunidades e possibilidades de se desenvolver, com acompanhamento adequado, recursos, estímulos e adaptações necessárias.

Neste livro, criamos um percurso que consideramos importante para a disseminação do conhecimento e esclarecimento sobre o tema. No primeiro capítulo, intitulado *Se liga na história: de monstros a super-heróis*, buscamos reconstruir a história social da deficiência, a fim de que você reconheça os muitos frutos de uma luta histórica que não terminou. Como veremos, ao longo do tempo diversos paradigmas influenciaram o modo como a sociedade entende a deficiência. Ainda nesse primeiro capítulo, conheceremos o conceito de estigma e duas grandes concepções que permearam e ainda permeiam a narrativa sobre as pessoas com deficiência: o modelo médico e o modelo social – hoje contestados pela ascensão do modelo biopsicossocial.

No segundo capítulo, *Capacitistas: Onde vivem? O que comem? O que fazem?*, adentramos no que de fato é o capacitismo, abordando sua origem e compreendendo seu significado. Apresentamos também as formas de capacitismo e como elas se manifestam, bem como os tipos de barreiras encontradas na sociedade e as dimensões da acessibilidade necessárias para superá-las.

No terceiro e último capítulo, *Você já foi capacitista? O capacitismo na linguagem*, ampliaremos uma reflexão sobre a linguagem presente em todo o livro, analisando expressões e frases capacitistas que muitas vezes proferimos sem saber que são discriminatórias. Além de analisá-las, também vamos propor formas de reelaborar essas falas ou, em alguns casos, eliminá-las completamente do nosso vocabulário.

Vamos juntos trilhar esse novo caminho? Este livro é para todos: para quem tem deficiência e para quem não tem. Se você já é parte dessa luta, vamos fortalecer ainda mais o movimento anticapacitista. Se você chegou agora, aproveite essa oportunidade de aprender e refletir.

Capítulo 1

SE LIGA NA HISTÓRIA: DE MONSTROS A SUPER-HERÓIS

Monstros, super-heróis e um sineiro em Notre-Dame: o que tudo isso tem a ver com capacitismo?

Depois de excluídas e segregadas, as pessoas com deficiência passaram a ser vistas como super-heróis. Mas o "exemplo de superação" não é também um estigma?

Crédito: Jeff Whyte - stock.adobe.com

O que você está prestes a ler é a história de indivíduos que tiveram seus corpos rejeitados e até mutilados, vivendo em um mundo silenciado. E isso durou muito tempo, até que esses indivíduos adentraram um outro mundo, restrito, de instituições que os abrigavam, acolhiam e tentavam normalizar seus corpos. Hoje, também depois de muito tempo, esses mesmos indivíduos foram "integrados" à sociedade e, numa reviravolta surpreendente, passaram a ser associados a super-heróis que vencem e se superam.

Final feliz, não é? Nem tanto. A realidade é que os protagonistas dessa nossa história não são monstros nem super-heróis, mas pessoas. Pessoas que, como você, têm direito à cidadania e à dignidade humana. E essa narrativa, como descobriremos, é na verdade uma construção histórica.

Mas antes vamos conhecer uma outra história: a de Quasímodo, um homem "corcunda", "caolho", "torto" e surdo, conhecido por tocar o sino da catedral de Notre-Dame. Quasímodo aparece em um filme da Disney de 1996, mas bem antes disso, em 1831, já tinha sido personagem de um romance do escritor francês Victor Hugo. Além de contar uma história de amor, o clássico de Victor Hugo retrata as relações de poder na França do século XV, marcadas pela desigualdade e, como fica evidente na figura de Quasímodo, pela exclusão e teatralização das pessoas com deficiência.

Aos quatro anos de idade, Quasímodo é abandonado na catedral e acaba sendo "adotado" pela igreja. O garoto cresce isolado da sociedade nas torres de Notre-Dame, onde se torna sineiro (e é justamente por conta do barulho dos sinos que perde a audição). Visto pelos outros como monstruoso, Quasímodo chega a ser humilhado e espancado em praça pública diante de uma multidão.

Mas qual a relação do "corcunda de Notre-Dame" com a história que vamos contar aqui? Como você já deve ter percebido, as falas e os atos que estigmatizavam Quasímodo não ficaram lá no século XV. Ainda hoje, eles podem ser identificados em nossa sociedade. O que veremos neste capítulo é como esse processo de estigmatização (que hoje chamamos de "capacitismo") foi construído social e historicamente.

ESTIGMA

As relações entre "eu" e "outro" são marcadas por crises e conflitos que muitas vezes geram exclusão. Por exemplo: tente se recordar de sua época da escola, quando ocorrem as primeiras relações sociais para além da família. Agora, lembre-se de alguma situação desse período em que você foi excluído por ser considerado diferente. Por fim, tente se recordar de uma ocasião em que você excluiu alguém devido a alguma diferença.

Certamente, alguns desconfortos foram revividos.

A ideia de trazer isso à tona é evidenciar que excluímos socialmente aqueles que percebemos como diferentes. E, no caso da **PESSOA COM DEFICIÊNCIA**, essa marcação é indissociável do indivíduo, pois a deficiência traz consigo características físicas, psíquicas ou sensoriais que diferem das características dos indivíduos considerados "típicos", ou seja, sem deficiência.

PARA SABER MAIS

A Lei nº 13.146/2015 considera a **PESSOA COM DEFICIÊNCIA** "aquela que tem impedimento de longo prazo de natureza física, mental, intelectual ou sensorial, o qual, em interação com uma ou mais barreiras, pode obstruir sua participação plena e efetiva na sociedade em igualdade de condições com as demais pessoas".

Você pode acessar a lei, conhecida também como Lei Brasileira de Inclusão da Pessoa com Deficiência, ou simplesmente Estatuto da Pessoa com Deficiência, no QR code ao lado ou pelo link: https://www.planalto.gov.br/ccivil_03/_ato2015-2018/2015/lei/l13146.htm.

O conceito de estigma nos ajuda a pensar a tendência de excluir o diferente. Para Ervin Goffman (1988, p. 8), o estigma é "a situação do indivíduo que é inabilitado para a aceitação social plena". Esse indivíduo é assim considerado por não possuir características consideradas importantes para um grupo social – características que são definidas em um processo de construção histórico-social e, portanto, passam por modificações ao longo do tempo.

Para Goffman, há três tipos principais de estigma. O primeiro se refere às "abominações do corpo", às "várias deformidades físicas". O segundo, a tudo que se costuma considerar desvio de caráter, como distúrbios mentais, vícios, crimes, comportamentos sexuais recriminados, etc. O terceiro estigma, por fim, refere-se a diferenças "tribais", de raça, nação e religião.

No caso do corcunda de Notre-Dame, por exemplo, o estigma físico gera todo tipo de preconceito e a consequente exclusão do indivíduo. A lógica da exclusão, por sua vez, intensifica o estigma, ampliando ainda mais as barreiras socialmente construídas.

HISTÓRIA SOCIAL DO CAPACITISMO (E DO ANTICAPACITISMO)

Quando pensamos nas relações que se estabelecem em torno do "corcunda de Notre-Dame", identificamos uma época em que as diferenças eram excluídas ou ridicularizadas. O romance de Victor Hugo se passa no século XV, na Idade Média. Esse período, embora mantivesse comportamentos que remontavam à Antiguidade, começava a estabelecer certas diferenças na relação com as pessoas com deficiência. Essas pessoas continuavam sendo renegadas (quando não eliminadas) por serem consideradas inúteis, e, segundo a visão religiosa predominante, podiam ser vistas como vítimas de um castigo divino ou até associadas a demônios. Por outro lado, também são comuns os registros de pessoas com deficiência que, nessa época, foram protegidas e sustentadas em nome da fé (e aqui há uma diferença importante em relação à Antiguidade).

Esse período histórico, marcado pela exclusão de pessoas com deficiência, predomina mais ou menos até o século XVI. A partir de então, a exclusão começa a dar lugar ao movimento de segregação, que perdura até o início do século XX (embora ainda hoje, no século XXI, possamos encontrar exemplos de segregação em nossa sociedade).

Na fase da segregação, a força teológica, muito presente na exclusão, vai perdendo espaço para uma mentalidade supostamente científica. Surge uma busca por instituições especializadas, que acolham, normalizem ou cuidem das pessoas com deficiência. Torna-se predominante o discurso da institucionalização, baseado na crença de que segregar os indivíduos com deficiência da sociedade é o mesmo que os proteger. Embora aceitas em lugares restritos, as pessoas com deficiência são impedidas de frequentar outros espaços sociais, como a escola, assumindo um papel marginalizado na sociedade. Por outro lado, é também nesse período, por conta justamente do cientificismo, que começam a surgir pesquisas que identificam a possibilidade de desenvolvimento desses indivíduos (Aranha, 2000).

Para entender a mentalidade da segregação, podemos fazer um paralelo com a infância. Quando nasce um bebê, fornecemos a ele os cuidados necessários: alimentamos a criança e a levamos para tomar as vacinas, acompanhamos sua evolução e seguimos as orientações do pediatra. Esses cuidados podem até ser realizados com afeto, mas não consideramos o bebê em sua subjetividade: as escolhas são única e exclusivamente de responsabilidade dos adultos – como vestir o bebê, onde levá-lo, etc.

Na segregação da pessoa com deficiência, há uma mentalidade parecida: existe apenas o reconhecimento da pessoa como ser e a necessidade do cuidado. Resumidamente, podemos dizer que a segregação se centra em conceitos médicos e visa normalizar os corpos das pessoas com deficiência (mais adiante, quando tratarmos do chamado "modelo médico" da deficiência, conheceremos melhor essa perspectiva).

O período posterior à segregação pode ser chamado de período de integração. No século XX, com os movimentos sociais pelos direitos humanos, o avanço científico e mudanças no contexto econômico, desenvolve-se a ideia de que a segregação é intolerável e as pessoas com deficiência precisam ser integradas à sociedade. Nessa fase, ganha força o discurso de que as pessoas com deficiência devem se integrar à sociedade independentemente de suas dificuldades.

Perceba, porém, que na disposição de integrar ainda há o imperativo de normalizar, pois quem deve se ajustar é a pessoa com deficiência, sem que se coloque em questão as barreiras que lhe são impostas. Por isso, a "superação" torna-se um ideal muito presente: a integração passa pelo condicionamento para que o sujeito busque autodesenvolvimento e possa ser considerado apto a ocupar espaços sociais antes interditados, como a escola e o mundo do trabalho. De monstros (fase da exclusão), as pessoas com deficiência passam a ser vistas como super-heróis, mas permanece o estigma.

PARA REFLETIR

Para ilustrar as ambiguidades da fase de integração, podemos recorrer a mais uma história. Você se lembra da personagem Dory, do filme *Procurando Nemo* (2003)? Ela ficou tão famosa que depois se tornou protagonista de um filme que leva seu nome: *Procurando Dory* (2016).

Dory é uma peixinha engraçada que tem dificuldade em guardar memórias recentes e, por isso, vive se perdendo, confundindo outros seres aquáticos e repetindo falas. Em muitos momentos, a personagem tenta se integrar a outros grupos e espaços. Muito simpática, ela se disponibiliza para ajudar a todos que encontra no caminho. No entanto, devido a suas dificuldades de memorização, ao tentar ajudar os outros ela não percebe que deixa de lado seus objetivos iniciais. Isso gera comentários de outros personagens que caracterizam Dory de forma reducionista. Nesses comentários, predominam o deboche ou o sentimento de compaixão. Assim, ainda que bem-intencionada, a representação de Dory acaba reforçando estereótipos de pena e de superação.

Aos poucos, o cenário foi se modificando. Impulsionaram essas mudanças o desenvolvimento da indústria, com o consequente aumento de acidentes de trabalho, o grande número de pessoas que voltaram mutiladas ou com outras lesões da Segunda Guerra Mundial, e até mesmo a falta de mão de obra (Mendes, 2006).

E aqui vale a pena destacar a importância da Organização Internacional do Trabalho (OIT), que no pós-guerra buscou amenizar injustiças sociais e promover a garantia de direitos entre as nações. A relevância da OIT na promoção da igualdade corroborou o senso de valorização das pessoas com deficiência no mercado de trabalho. Pode-se dizer que o reconhecimento atual da diversidade como potencial de produtividade e inovação deve muito à OIT (e aqui, quando falamos em diversidade, não falamos apenas das deficiências, mas também de raça, origem, etnia, gênero e sexualidade).

Além da OIT, um marco a ser citado é a Declaração Universal dos Direitos Humanos (1948) da Organização das Nações Unidas. Nesse documento, as diferenças passam a ser mundialmente reconhecidas e valorizadas, e os mecanismos sociais e jurídicos para a promoção de direitos são sinalizados, incluindo as necessidades das pessoas com deficiência.

Nos anos oitenta, surgem movimentos sociais fortes que começam a questionar a ideia de que a pessoa com deficiência deveria se adaptar ao meio. Esses movimentos cobram esforços da sociedade para reduzir barreiras, exigindo participação social. Aqui, o processo passa a ser bilateral, uma vez que a sociedade se ajusta aos sujeitos com deficiência, que por sua vez continuam buscando seu autodesenvolvimento.

No âmbito da educação, um marco importante ocorre em 1990: a Conferência Mundial sobre Educação para Todos, sediada em Jomtien (Tailândia). Nessa conferência é aprovada a Declaração Mundial sobre Educação para Todos, que visa assegurar o acesso e a permanência de todos na escola, independentemente de suas condições. Em seguida, em 1994, durante a Conferência Mundial sobre Necessidades Educacionais Especiais, realizada na Espanha, é promulgada a Declaração de Salamanca, que dissemina a filosofia da educação inclusiva.

E O BRASIL?

No final dos anos oitenta e início dos noventa, a legislação brasileira avança com o intuito de reduzir as desigualdades causadas pela desvantagem das pessoas com deficiência em relação às pessoas sem deficiência. Entre os marcos desse período, não podemos deixar de citar a Constituição de 1988 e duas leis relacionadas ao trabalho: a Lei nº 8.112/1990, que estabeleceu a reserva de 20% das vagas de concursos públicos para pessoas com deficiência, e a Lei nº 8.213/1991, que estabeleceu, para empresas privadas com mais de cem funcionários, o preenchimento de 2% a 5% dos cargos por pessoas com deficiência.

Apesar das conquistas que essas leis representam, ao observar o texto delas, notamos os paradigmas que prevaleciam na época. Assim, o uso de termos como "integração" e "portador de deficiência", que hoje evitamos, mostram como era implícita a ideia de que a pessoa com deficiência deveria se "reabilitar" individualmente. Segundo essa perspectiva, os méritos do indivíduo o enquadrariam no padrão de "normalidade", e assim ele conseguiria ser integrado ou reintegrado aos sistemas gerais de educação, saúde e trabalho (Sassaki, 1997).

Ainda assim, apesar das limitações, os avanços da legislação brasileira mostram que o movimento de integração foi muito importante para combater a segregação e a reclusão. Os frutos desse processo, que ocorreu graças aos movimentos organizados pelas pessoas com deficiência, é parte do restabelecimento do Estado democrático de direito, cujo marco principal é a Constituição Federal de 1988. Foi a Constituição que, a partir de sua promulgação, amparou decretos, portarias e leis que visavam incluir as pessoas com deficiência.

Hoje, depois de muitos avanços (entre os quais destacamos o Estatuto da Pessoa com Deficiência, de 2015), pode-se dizer que o acesso das pessoas com deficiência a todos os direitos e instituições é garantido no âmbito legal, mas apenas no sentido amplo da palavra. Na prática, estamos aquém da legislação, pois, para falar em acesso garantido, é preciso que os ambientes sejam plenamente acessíveis e que as **BARREIRAS ATITUDINAIS** não existam. Em muitos espaços, lugares e situações, ainda impera a lógica ambígua da integração.

Pare para refletir a partir de alguns exemplos. Suponha que você é um empreendedor, o dono de uma loja ou de um restaurante. Uma pessoa surda, que se comunica em Língua Brasileira de Sinais (Libras), entra em seu estabelecimento. Como você vai se comunicar com ela e atendê-la?

Imaginemos, agora, outra situação. Você tem a ideia de comemorar seu aniversário em um parque aquático, com toboáguas e outros brinquedos. Antes de tomar sua decisão, você verifica o espaço, para saber se há acessibilidade para seu amigo cego ou com mobilidade reduzida?

Embora muitos avanços tenham sido efetivados na legislação, o processo que historicamente negligenciou as pessoas com deficiência ainda tem reflexos no cotidiano. À medida que enfrentamos novos desafios, velhos obstáculos tendem a retornar, o que reforça a necessidade de refletirmos e discutirmos continuamente sobre a inclusão das pessoas com deficiência.

IMPORTANTE

Lembrar de todas as conquistas de direitos das pessoas com deficiência nos encoraja a seguir lutando para construir essa história. Porém, para continuar a trilhar o caminho da inclusão, precisamos reconhecer, sim, a importância dos avanços legais, mas ao mesmo tempo pensar para além deles. O ideal é que todos reconheçamos a inclusão como intrínseca à natureza humana e, consequentemente, à sociedade, afirmando a dignidade humana na prática. Para isso, é preciso enfrentar as chamadas **barreiras atitudinais**, definidas pelo Estatuto da Pessoa com Deficiência como "atitudes ou comportamentos que impeçam ou prejudiquem a participação social da pessoa com deficiência em igualdade de condições e oportunidades com as demais pessoas".

O MUNDO DO TRABALHO

Agora que você conhece alguns marcos importantes da construção social da deficiência, vamos voltar um pouco à ficção. Mais precisamente, vamos voltar a Paris, à catedral de Notre-Dame, para fazer uma pergunta importante:

NO ROMANCE DE VICTOR HUGO, POR QUE QUASÍMODO É RESPONSÁVEL POR TOCAR O SINO DA CATEDRAL?

Será por que a função de sineiro, exercida no isolamento da torre da catedral, é uma função de pouca visibilidade, sem interação nem perspectiva de prestígio? Agora volte à realidade e reflita: as pessoas com deficiência que trabalham com você exercem funções em que há bastante interação com o outro?

E quanto a você: hoje, qual é o seu trabalho? O que você modifica no mundo com ele? Quem você impacta? Quais conquistas ele gera na sua vida? O trabalho faz com que você pertença a algum grupo? Desperta em você o sentimento de autorrealização?

Quando respondemos a essas perguntas, percebemos como o trabalho pode ser fonte de satisfação ou insatisfação em nossa vida. O trabalho, afinal, não se limita à capacidade produtiva e à geração de renda, como defende a lógica capitalista de produção-consumo. Através do trabalho, conquistamos autonomia e autoestima.

Por muito tempo, o mundo do trabalho foi pensado como inatingível para as pessoas com deficiência. A elas restavam algumas atividades informais, como certas formas de artesanato, venda de pequenos produtos ou tarefas em linhas de produção de indústrias que firmavam parcerias com instituições dedicadas a acolher pessoas com deficiência.

A maioria desses trabalhos eram manuais, e embora essencial para a sociedade, por diversos motivos o trabalho manual sempre foi desvalorizado em relação ao trabalho intelectual. No Brasil, como mostra Adalberto Cardoso (2019), essa diferenciação é um demarcador social que remete à escravidão (quando o trabalho manual era visto como degradante) e legitima as posições sociais e a desigualdade de classes.

Assim, podemos refletir em que medida a ideia de desenvolvimento e inclusão de pessoas com deficiência por meio de certos ofícios não acabou contribuindo para mantê-las à margem. Hoje essas pessoas buscam por qualificação profissional e lutam por posições no mercado formal de trabalho. Persiste, porém, certo reducionismo nas possibilidades de desenvolvimento, qualificação e ascensão das pessoas com deficiência. Alguns ainda se perguntam: elas podem fazer faculdade, casar-se, ter filhos? E o simples fato de se pensar em tais perguntas já revela a persistência de certos limites. Por isso, é importante reforçar: embora há décadas já se vislumbre uma mudança de paradigma, com leis que visam o acesso de pessoas com deficiência ao mundo do trabalho, ainda há barreiras atitudinais que dificultam a ascensão educacional e profissional para além de trabalhos socialmente desvalorizados.

Assim, quando paramos para pensar por que Quasímodo se mantinha encerrado na catedral, começamos a perceber que sua função de sineiro estava relacionada a algo que já vimos aqui: o estigma. Por meio do estigma, a sociedade define o que é considerado "normal", separando, de um lado, as pessoas e os atributos considerados comuns, desejáveis, e, de outro, as pessoas e os atributos "diferentes", indesejáveis. Nessa perspectiva, o próprio contexto social anula a subjetividade do indivíduo e determina o que é socialmente aceito segundo o padrão dominante.

A ESCOLA: INCLUIR PARA EXCLUIR?

Vamos continuar falando de estigma, agora para tratar da inclusão das pessoas com deficiência na educação. Como bem sabem os profissionais da área, a estigmatização de alunos com deficiência na sala de aula é comum. Nesse ambiente, embora de início o discurso coletivo seja o da inclusão, assim que um desvio da norma ou um atributo diferente é identificado, situações de exclusão podem começar a acontecer. De monstros a super-heróis e de super-heróis a monstros: o acolhimento inicial do grupo de alunos muitas vezes se transforma em seu contrário.

Vejamos como isso ocorre por meio de um relato:

> Em uma turma com 25 estudantes de tecnologia da informação, um dos matriculados é um aluno com deficiência intelectual. No início do curso, todos acolhem o aluno, incluindo-o nos projetos em equipe, nas discussões em sala de aula, nos momentos de des contração no intervalo... No entanto, passados alguns meses, a professora começa a perceber uma mudança no comportamento dos alunos que não têm deficiência. Essa mudança começa a aparecer em falas descontextualizadas sobre uma suposta dificuldade de aprendizagem do aluno com deficiência, que, por não compreender os conteúdos abordados, estaria fazendo muitos questionamentos. Certo dia, um dos alunos procura a professora e lhe diz: "Vou trocar de lugar, está insuportável esse aluno me perguntando toda hora como faz, não consigo mais ficar aqui ao lado dele". E assim se inicia um processo de estigma.

A situação relatada mostra como a estigmatização gera conflitos e contradições. A intenção de inclusão, com o passar do tempo, se transforma em exclusão. Trata-se, como na expressão de Alfredo Veiga-Neto (2001a), de um "incluir para excluir": a pessoa com deficiência ocupa o mesmo espaço de pessoas sem deficiência, mas sem que a inclusão de fato ocorra.

No texto em que cunha tal expressão, Veiga-Neto (2001a) discorre sobre a construção moderna da normalidade e mostra como, justamente da oposição entre "normal" e "anormal", surgem ambiguidades nas políticas de inclusão escolar dos chamados "anormais". Segundo o autor, muitas das políticas de inclusão são "indiferencialistas", isto é, em nome da igualdade, colocam todos os ditos "anormais" em um mesmo plano, desconsiderando especificidades e peculiaridades. Daí o paradoxo de incluir para excluir.

Veiga-Neto (2001a) deixa claro que sua crítica às políticas de inclusão não implica a negação dessas políticas nem da própria ideia de inclusão. A questão é que tais políticas deveriam, necessária e antecipadamente, considerar a multiplicidade dos grupos e pessoas que visam incluir.

Reflexões como essas são importantes para problematizar nosso papel e responsabilidade na inclusão das pessoas com deficiência. Muitas vezes, ao incluir, não estamos excluindo? Pois há uma série de vieses, fruto da memória social, que permanecem em nosso inconsciente. Ter consciência desses vieses é fundamental.

IMPORTANTE

Veiga-Neto (2001a) emprega os termos "normal" e "anormal" pois o que lhe interessa é examinar essas expressões a partir dos usos que delas se faz, empreendendo uma análise histórica das relações de poder em que elas assumem os significados que têm. Dentro do texto, esses termos remetem a um autor fundamental para o estudo do tema em questão: Michel Foucault. No dia a dia, porém, cabe observar que não falamos em "anormais" e "normais" para nos referirmos a pessoas com e sem deficiência.

MODELO MÉDICO, SOCIAL E BIOPSICOSSOCIAL DA DEFICIÊNCIA

Neste capítulo, estamos contando a história social do capacitismo e do anticapacitismo, uma história de estigmas, monstros e super-heróis, dividida em alguns capítulos: exclusão, segregação, integração, inclusão. Agora, vamos nos aprofundar um pouco mais nas perspectivas que atravessam os diferentes momentos dessa narrativa.

Há dois grandes modelos que perpassam a história e a compreensão da deficiência: o modelo médico e o modelo social.

Para entender o modelo médico, podemos fazer uma analogia. Quando alguém fica doente ou tem algum problema de saúde, decorrente de um acidente ou de qualquer outra circunstância adversa, é necessário tratamento, com medicamentos e outros cuidados prescritos por profissionais médicos. As recomendações médicas visam recuperar o estado de saúde da pessoa, curar, normalizar, remediar, como se fosse preciso consertar algo que está errado com o corpo.

Na concepção médica da deficiência, ocorre algo parecido: busca-se identificar o "erro" para normalizá-lo e colocar o organismo em funcionamento. Essa perspectiva parte de um olhar orgânico, biológico, para o qual a não funcionalidade do corpo é adquirida pela ausência de algo, por uma doença ou anomalia genética.

Vamos a outro exemplo. No período de gravidez, há toda uma assistência pré-natal adequada, com uma série de cuidados para uma gestação saudável, pois esse é um período delicado, em que há riscos à saúde da mãe e do bebê. O desenvolvimento saudável de uma gestação inclui exames, restrições para a mãe (não consumir bebidas alcoólicas e entorpecentes, alimentar-se bem, etc.), controle e acompanhamento de doenças, vacinas e muitos outros cuidados.

Um dos principais objetivos da assistência pré-natal é evitar que a criança nasça com deficiências por causas evitáveis, pois, como aponta o Ministério da Saúde, entre as principais causas das deficiências estão "as decorrentes da falta de assistência ou da assistência inadequada às mulheres durante a gestação e o parto" (Brasil, 2010). Cabe observar, porém, que uma assistência pré-natal inadequada não é a única causa das deficiências. Ainda segundo o Ministério da Saúde, as deficiências também podem ser adquiridas em decorrência de doenças transmissíveis ou crônicas, desnutrição, problemas de saúde mental, traumas e lesões, etc. Portanto, além de causas genéticas e pré-natais, há uma série de fatores – sociais, ambientais, comportamentais – que não podem ser ignorados quando falamos em deficiência.

O modelo médico reduz todos esses fatores à perspectiva orgânica, biológica. Nessa perspectiva, a deficiência é tratada como doença, como algo meramente do domínio do corpo: faz-se um diagnóstico, que é médico, e junto com o diagnóstico se prescreve um tratamento que visa a normalização, a funcionalidade.

Nas últimas décadas, o modelo médico vem sofrendo críticas que têm contribuído para mudar a percepção da sociedade em relação à deficiência. Embora não haja um marco temporal exato, pode-se dizer que esse movimento se intensifica a partir dos anos 1980, com publicações na área das ciências sociais, com as leis de inclusão e o importante acontecimento do Ano Internacional das Pessoas com Deficiência (1981), proclamado pela Assembleia Geral das Nações Unidas sob o lema da participação plena e da igualdade.

Surge então outra perspectiva, que podemos chamar de "modelo social". Esse modelo não se concentra na necessidade de intervenções para normalizar o corpo (como o modelo médico), mas na derrubada de barreiras sociais que impossibilitam o acesso de pessoas com deficiência.

Para ilustrar a diferença entre os dois modelos, vamos pensar em uma situação cotidiana. Imagine uma cozinha. Agora, imagine que uma pessoa com dificuldades para realizar o movimento de pinça está usando essa cozinha (no movimento de pinça, usamos o polegar, junto com outros dedos, para pegar um objeto). Como essa pessoa pode abrir e fechar a torneira, descascar e cortar alimentos, manusear talheres, etc.?

O modelo médico focaria a mão, procurando "normalizá-la", isto é, torná-la capaz de executar as tarefas, numa abordagem biológica. O modelo social, por outro lado, procuraria identificar as barreiras que impedem a realização das atividades, a fim de eliminá-las. Uma torneira, por exemplo, pode ser acionada por meio de um sensor, frutas e legumes podem ser comprados já descascados, talheres podem ser adaptados, e assim por diante.

No modelo social, o foco não é o que supostamente falta na pessoa com deficiência, mas o contexto com o qual ela interage. A ênfase não está no corpo e no nível individual, mas na forma como a sociedade pode se organizar para acolher a diversidade (e aqui podemos pensar na acessibilidade de espaços públicos, estabelecimentos, serviços, produtos). Nessa perspectiva, a deficiência é entendida como parte da diversidade humana.

A essa altura, você já deve ter percebido que, neste livro, nós nos alinhamos ao modelo social. Vale ressaltar, porém, que isso não significa negar a dimensão física da deficiência, que não pode nem deve ser negligenciada.

Por exemplo: uma pessoa com miopia precisa de óculos ou lentes de contato para enxergar melhor e evitar desconfortos que prejudicam seu dia a dia, não é mesmo? A indicação dos óculos ou das lentes é feita por um oftalmologista, profissional médico responsável por diagnosticar, prescrever tratamentos e acompanhar a situação da saúde visual de seus pacientes.

Se não houvesse oftalmologista, o que seria do paciente com miopia? O diagnóstico, a prescrição dos óculos e o acompanhamento médico o ajudam a manter o bem-estar no dia a dia. O ambiente pode, sim, ser alterado para facilitar a vida desse paciente e de outras pessoas com a mesma condição (através, por exemplo, de tipografia facilmente legível, sinalização iluminada com cores contrastantes e em distâncias adequadas, uso de ícones, etc.), mas isso não anula a necessidade dos óculos ou das lentes de contato.

Embora seja inegavelmente um avanço na luta das pessoas com deficiência, é importante reconhecer que o modelo social precisa interagir com a perspectiva médica. Por isso, nos últimos anos, tem se falado em um modelo biopsicossocial da deficiência, que, sem deixar de lado a ênfase em aspectos sociais, considera também os fatores biológicos e psicológicos da deficiência.

A abordagem da Classificação Internacional de Doenças (CID) da Organização Mundial da Saúde (OMS) se baseia no modelo biopsicossocial. E no Brasil, recentemente, o Ministério dos Direitos Humanos e da Cidadania publicou o Relatório Final do Grupo de Trabalho sobre a Avaliação Biopsicossocial

Unificada da Deficiência, instituído pelo Decreto nº 11.487/2023. O relatório tem como principal objetivo "propor uma metodologia de avaliação da deficiência que vá além do modelo médico tradicional, reconhecendo a deficiência como uma interação complexa de fatores biológicos, psicológicos e sociais". O relatório promove os direitos humanos da pessoa com deficiência e, para além do simples diagnóstico médico, considera a subjetividade dos indivíduos e a interação dessa subjetividade com o meio.

ENTRE A ROMANTIZAÇÃO E A REALIDADE

Agora que sabemos um pouco mais do processo de construção histórica e social da deficiência, vamos voltar ao ponto de partida deste capítulo. Lá no início, vimos que, depois de excluídas e segregadas, as pessoas com deficiência passaram a ser vistas como super-heróis. Diante dessa virada na história, nos perguntamos: mas o "exemplo de superação" não seria também um estigma?

Para responder a essa pergunta, vamos ver, na prática, como o estigma do super-herói se manifesta na linguagem, em expressões que usamos cotidianamente muitas vezes sem perceber.

NA PRÁTICA

Ao longo deste livro, refletiremos bastante sobre a linguagem, problematizando uma série de expressões que, velada ou explicitamente, revelam um pensamento capacitista. O terceiro capítulo, aliás, é todo dedicado a analisar algumas dessas expressões. Fique atento, reflita sobre a linguagem e elimine de sua fala tudo que pode reforçar o capacitismo.

"Você é um super-herói!", "É especial", "É um escolhido". Ou, ainda, para quem trabalha com a comunidade das pessoas com deficiência: "Que trabalho lindo você faz". Você já ouviu alguma dessas frases que, embora pareçam elogios, fazem parte de um discurso que romantiza a deficiência?

Ser uma pessoa com deficiência na sociedade não é algo romântico. A falta de acessibilidade não é romântica. A violação de direitos também não é. A ausência de adaptações na educação, a escassez de estratégias inclusivas e as barreiras sociais enfrentadas diariamente por pessoas com deficiência estão longe de ser motivo para idealizações.

A romantização cria uma imagem distorcida da realidade. Ela desvia o foco do que realmente importa: os movimentos sociais liderados por pessoas com deficiência e a luta pelo cumprimento de seus direitos por meio de leis e políticas públicas.

O discurso idealizado da "superação" pode enfraquecer esses movimentos ao gerar uma falsa sensação de inclusão, quando, na prática, a exclusão continua – apenas disfarçada por palavras bonitas. Para evitar essas armadilhas e começar um processo de letramento anticapacitista, é essencial reconhecer expressões que reforçam a romantização e entender por que são problemáticas. A seguir, vamos explorar alguns exemplos.

"VOCÊ É UMA GUERREIRA! CONQUISTOU TANTO MESMO COM A SUA DEFICIÊNCIA!

Quando dizemos que alguém é uma guerreira, estamos sugerindo que essa pessoa enfrentou muitos obstáculos e, apesar das dificuldades, conseguiu alcançar seus objetivos. No entanto, quando aplicamos essa lógica às pessoas com deficiência, a realidade é bem diferente – e está longe de ser romântica. Pense bem: é inspirador chegar a um local e não encontrar uma rampa de acesso? Ou uma pessoa surda ir a um hospital e não ter atendimento em Libras, colocando sua vida em risco? Ou, ainda, entregar currículos e ser sempre a última opção – ou nunca ser contratada?

A frase "Você é uma guerreira!", mesmo que dita com boa intenção, transmite a ideia de que, apesar de todas as barreiras, da falta de acessibilidade e da violação de direitos, a pessoa ainda assim conseguiu vencer, o que reforça a deficiência como obstáculo pessoal, e não como consequência da falta de inclusão da sociedade.

Quando analisamos a frase por esse ângulo, ela deixa de parecer um elogio e passa a evidenciar um problema estrutural. É claro que quem diz isso, muitas vezes, quer apenas reconhecer o esforço de alguém. Mas, quando destacamos o sucesso "apesar da deficiência", sem perceber estamos atribuindo um peso desnecessário à trajetória da pessoa.

Que tal reformular a frase? Em vez de focar a deficiência, podemos valorizar diretamente as conquistas: "Você tem muito sucesso!", "Parabéns pelas conquistas!" – expressões que reconhecem o mérito da pessoa sem reforçar estereótipos ou transformar sua vivência em um ato de heroísmo.

" VOCÊ É UM EXEMPLO DE SUPERAÇÃO!

Sim, pessoas com deficiência enfrentam desafios diários, mas essa superação não deve ser romantizada, como a frase sugere. Se pessoas com deficiência precisam se superar todos os dias, é por causa da falta de acessibilidade na sociedade. Quando dizemos que alguém é um "exemplo de superação" apenas por ter uma deficiência, estamos reduzindo sua trajetória a uma limitação. A superação humana pode acontecer em muitos contextos, e não deve ser atribuída exclusivamente à deficiência.

O "exemplo de superação" reforça a ideia de que a deficiência é algo que precisa ser vencido. Isso transforma a pessoa em um símbolo de inspiração, como se o simples fato de viver com uma deficiência já fosse extraordinário. Além disso, esse tipo de discurso cria uma pressão social sobre as pessoas com deficiência. Espera-se que elas sejam sempre fortes, resilientes e inspiradoras – o tempo todo. Mas ninguém se sente bem todos os dias, e essa expectativa constante pode ser emocional e fisicamente desgastante.

Um exemplo claro disso é quando ações cotidianas são tratadas como feitos heroicos. Por exemplo, uma pessoa que, por não ter mãos, se maquia com os pés não precisa ser vista como um "exemplo de superação". Essa é apenas a forma que ela encontrou para realizar uma atividade comum.

Outro exemplo são os atletas paralímpicos. Em 2024, o Brasil conquistou 89 medalhas nos Jogos Paralímpicos, sendo 25 de ouro. Atletas como Carol Santiago, Gabriel Araújo e Jerusa Geber se destacaram em suas modalidades. Do que esses atletas precisam? De condições adequadas, adaptações, recursos, incentivo e investimento público. O foco deve estar no treinamento, no desempenho e nas conquistas – não na deficiência.

Pessoas com deficiência querem, acima de tudo, viver suas vidas com dignidade e autonomia. Por isso, em vez de dizer "você é um exemplo de superação", que tal dizer "Você é uma pessoa determinada" ou "Parabéns pelas suas conquistas"? Essas frases reconhecem o esforço e o mérito da pessoa sem reforçar estereótipos. Afinal, ninguém precisa "superar" sua deficiência para ser reconhecido. Do que todos precisam é de inclusão, respeito e oportunidades.

"VOCÊ É UMA PESSOA ESPECIAL!

Pessoas com deficiência não são especiais por terem uma deficiência. Elas são especiais para alguém por serem quem são – assim como qualquer outra pessoa. Com ou sem deficiência, todos somos importantes para alguém.

Mas por que essa frase pode ser considerada capacitista? Porque o adjetivo "especial" é frequentemente usado para dar, de forma equivocada, um tratamento diferenciado a pessoas com deficiência, as quais, embora precisem de adaptações específicas para suas necessidades, não devem ser tratadas de forma infantilizada, romantizada ou assistencialista.

Além disso, chamar alguém de "especial" pode reforçar a ideia de que essa pessoa não se encaixa naquilo que é considerado "normal". Em vez de valorizar a diversidade, esse tipo de linguagem contribui para a exclusão, como se a deficiência fosse algo que coloca a pessoa à parte da sociedade. A frase também pode transmitir a ideia de que a pessoa é uma exceção, e não alguém que tem o direito de estar em todos os espaços e de pertencer a eles.

Em vez de destacar a deficiência como algo que torna alguém "especial", podemos valorizar as qualidades da pessoa de forma mais direta e respeitosa. Por exemplo, podemos dizer "você é muito importante para mim", ou "eu te admiro por ser quem você é". Assim colocamos o foco na pessoa, e não em sua condição, reconhecendo o valor do outro sem reforçar estereótipos ou criar barreiras simbólicas.

ARREMATANDO AS IDEIAS

Neste capítulo, conhecemos o processo de construção histórica e social da deficiência, descobrindo as mudanças de percepção da sociedade ao longo do tempo. Contamos essa história mostrando como algumas ideias predominaram em diferentes momentos: a exclusão, a segregação, a integração e a inclusão. Percorrendo esses períodos, vimos como as pessoas com deficiência foram "de monstros a super-heróis": uma expressão que reflete a transição de uma visão excludente para uma idealização que, embora bem-intencionada, ainda se revela estigmatizante.

Conhecemos ainda diversos marcos da luta pelos direitos das pessoas com deficiência. Vários desses marcos são avanços na legislação, mas, como vimos, a existência de documentos legais não basta. É preciso garantir os direitos das pessoas com deficiência na prática, promovendo a igualdade, mas sem desconsiderar as diferenças e a subjetividade de cada indivíduo. As oportunidades devem ser iguais para todos, mas a forma como elas são disponibilizadas deve ser diferenciada.

Para fundamentar a discussão, vimos como é essencial refletir sobre a dimensão social (ou biopsicossocial) da deficiência. Só assim podemos começar a superar as barreiras impostas às pessoas com deficiência – barreiras que limitam as possibilidades do indivíduo e restringem seu desenvolvimento.

Por fim, voltamos à imagem do super-herói para refletir como a linguagem pode reforçar o discurso romantizado da superação.

Capítulo 2

CAPACITISTAS: ONDE VIVEM? O QUE COMEM? O QUE FAZEM?

Capacitismo: o que é isso? E os capacitistas? Onde vivem? O que comem? O que fazem? Neste capítulo, a partir do famoso bordão do programa Globo Repórter (um bordão que virou meme), vamos esclarecer o que é capacitismo e saber como ele se manifesta.

Conheça artistas que questionam padrões e combatem o capacitismo

Arte plural exige diversidade de pessoas em todo o processo criativo, desde o roteiro

Capacitismo está na linguagem e em 'histórias de superação'

Como racismo ou misoginia, a discriminação de pessoas com deficiência fica mais evidente quando é nomeada

Influenciadores denunciam preconceito contra pessoas com deficiência nas redes

Eles aproveitam a popularidade no mundo virtual para levar informação e combater o capacitismo

Algumas manchetes de jornal com a palavra “capacitismo”: embora seu uso seja relativamente recente no Brasil, o termo já aparece no debate público.

Fonte: Folha de S.Paulo.

Você considera as pessoas com deficiência um exemplo de superação? Você já olhou para uma pessoa com deficiência e sentiu compaixão? Ou até mesmo ficou curioso para saber o que aconteceu com ela? Se você respondeu "sim" a pelo menos uma dessas perguntas, precisamos te informar uma coisa: você já foi capacitista.

Mas calma! Temos uma coisa muito importante para informar: todos nós, e não só você, já fomos (ou somos) capacitistas. Na verdade, podemos dizer que somos capacitistas em desconstrução – e por isso estamos conversando por meio deste livro. Queremos construir uma sociedade que não seja enviesada por atitudes, crenças e culturas preconceituosas. Acreditamos que o capacitismo é uma questão de todos, uma responsabilidade coletiva, e que podemos combater o preconceito e construir uma sociedade mais justa através de sensibilização, conscientização e informação.

Conhecendo a construção histórica e social da deficiência (como fizemos no capítulo anterior), conseguimos entender os fatos de hoje. Para compreender o presente, é preciso revisitar o passado e entender que os fatos históricos solidificam os caminhos para os passos das próximas gerações. Assim, desconstruindo o capacitismo hoje, começamos a construir um amanhã melhor. Vamos fazer parte dessa mudança? Você está pronto?

O QUE É CAPACITISMO?

Em seu sentido atual, o termo "capacitismo" (traduzido do inglês *ableism*) surgiu na segunda metade do século XX, nos Estados Unidos, dentro dos movimentos pelos direitos das pessoas com deficiência. A palavra, que designa o preconceito e a discriminação contra a pessoa com deficiência, começou a se popularizar no Brasil recentemente, na década de 2010.

Por mais que se trate de um termo novo, estamos falando de algo que existe há muito tempo. Estamos falando do preconceito, da discriminação motivada pela deficiência. Assim como temos o racismo (o preconceito relativo a raça ou etnia) e a homofobia (o preconceito contra homossexuais), temos o "capacitismo", palavra que veio nomear um preconceito que até então não tinha um termo que o representasse.

O capacitismo é um sistema de opressão que hierarquiza as vidas humanas pelos tipos de corpo. As práticas capacitistas podem se manifestar como ações, falas ou omissões que expõem as pessoas com deficiência a desigualdades sociais e ferem o seu direito à existência. A legislação brasileira não define o termo "capacitismo", mas, em essência, é disso que trata o Estatuto da Pessoa com Deficiência ao definir a "discriminação em razão da deficiência":

> Art. 4º Toda pessoa com deficiência tem direito à igualdade de oportunidades com as demais pessoas e não sofrerá nenhuma espécie de discriminação.
>
> § 1º Considera-se discriminação em razão da deficiência toda forma de distinção, restrição ou exclusão, por ação ou omissão, que tenha o propósito ou o efeito de prejudicar, impedir ou anular o reconhecimento ou o exercício dos direitos e das liberdades fundamentais de pessoa com deficiência, incluindo a recusa de adaptações razoáveis e de fornecimento de tecnologias assistivas.

O capacitismo está profundamente enraizado na sociedade e é responsável pela ausência de pessoas com deficiência em diversos âmbitos sociais: educação, trabalho, saúde, esporte, mídia, lazer e cultura. Uma das principais manifestações do capacitismo se baseia na normatização de um padrão corporal. Uma vez definido esse padrão, pessoas que se distanciam do corpo socialmente considerado "normal" passam a ser inferiorizadas. E quanto mais uma pessoa foge da norma imposta pela sociedade, mais ela será discriminada.

IMPORTANTE

A deficiência não está na pessoa! Como um produto social, a deficiência "resulta do encontro de determinados corpos com barreiras à sua participação" (Costa *et al.*, 2023).

O conceito de capacitismo surge para contestar a concepção médica e enfatizar a dimensão social da deficiência. É fundamental entender que o problema não está na pessoa que tem uma deficiência, mas sim em uma sociedade que impede essa pessoa de atuar plenamente como cidadã, exercendo todos os seus direitos.

No capítulo anterior, já abordamos a concepção médica da deficiência. Contudo, é importante relembrar: a deficiência não é uma doença que precisa ser curada, mas apenas uma entre as várias características de uma pessoa, que jamais resume quem ela é. A pessoa com deficiência é um ser humano com habilidades, capacidades, talentos, sentimentos, vontades e desejos – como todas as outras pessoas.

O capacitismo nega ou duvida das capacidades da pessoa com deficiência, julgando-a incapaz de realizar algumas funções ou ter uma vida autônoma. No entanto, na maioria das vezes, quando uma pessoa com deficiência não consegue realizar alguma atividade ou ter uma vida autônoma, é porque há uma série de barreiras sociais que a impedem de exercer seu direito a uma vida digna.

Muito se fala sobre a superação das pessoas com deficiência. Mas por que elas precisam se superar todos os dias? A superação só se torna uma necessidade quando é preciso aprender diariamente a derrubar ou driblar obstáculos para poder viver. Então por que não mudamos o foco da superação das barreiras para a resolução dos problemas de acessibilidade?

A questão é que o capacitismo, na maioria das vezes, não é intencional ou deliberado, mas resultado de construções sociais e aspectos culturais que nos envolvem e acabam influenciando nossos comportamentos desde cedo. Por isso, quando nos perguntamos onde vivem, o que comem e o que fazem os capacitistas, em primeiro lugar precisamos olhar para nós mesmos. Pois o capacitismo pode se manifestar de diversas formas, em diferentes ações, atitudes e comportamentos, em vários espaços. E é isso que vamos descobrir a seguir.

PARA SABER MAIS

Você sabia que o capacitismo é crime? O artigo 88 do Estatuto da Pessoa com Deficiência prevê reclusão de um a três anos, mais multa, a quem "praticar, induzir ou incitar discriminação de pessoa em razão de sua deficiência". A pena pode aumentar em um terço caso a vítima esteja sob cuidado ou responsabilidade do agressor, ou se o crime for cometido por intermédio dos meios de comunicação social.

Esse é um avanço muito significativo para a comunidade das pessoas com deficiência, pois até então não havia qualquer punição a quem cometia esse tipo de discriminação. Com o capacitismo tipificado como crime, espera-se que as pessoas passem a ter mais consciência de suas atitudes e comportamentos.

Então, agora você já sabe: capacitismo é crime!

TIPOS DE CAPACITISMO

Antes de começar a ler sobre os tipos de capacitismo, é importante que você esteja aberto a fazer uma autorreflexão sobre ideias internalizadas e ações cotidianas. É preciso estar disposto a repensar comportamentos e atitudes. Só assim podemos nos tornar aliados do movimento anticapacitista. Vamos lá?

Como já dissemos, o capacitismo pode se manifestar de maneira intencional ou não. Quando uma pessoa tem uma atitude preconceituosa, mas não a percebe, ou não age com intenção de lesar o outro, estamos diante do chamado capacitismo passivo, que muitas vezes se manifesta no tom de piedade ou nos elogios exagerados (Ignarra; Saga, 2023). Listamos a seguir algumas ações que representam esse tipo de capacitismo:

- Sentir pena/piedade de uma pessoa com deficiência.
- Agradecer pela própria vida ao se deparar com alguma pessoa com deficiência.
- Enxergar pessoas com deficiência como exemplos de superação.
- Comparar pessoas com deficiência a super-heróis que têm superpoderes.
- Comparar uma pessoa sem deficiência a uma pessoa com deficiência, contrapondo as atividades que uma faz e a outra supostamente não consegue fazer.
- Assumir que uma pessoa com deficiência não pode fazer algo sozinha.
- Infantilizar as pessoas com deficiência.
- Falar com pessoas com deficiência sem se direcionar a elas.
- Perguntar a uma pessoa com deficiência o que aconteceu com ela.
- Na mídia, relacionar músicas tristes com histórias de pessoas com deficiência.
- Insistir que a pessoa com deficiência precisa de ajuda, mesmo quando a ajuda não foi solicitada.

Essas ações reforçam uma visão assistencialista da deficiência, sugerindo que pessoas com deficiência são incapazes de serem autônomas e de cuidar de suas próprias vidas. Por um lado, isso desperta um sentimento de compaixão; por outro, há uma supervalorização de atividades básicas do dia a dia, uma exaltação de tarefas simples apenas porque elas foram realizadas por pessoas com deficiência. Embora pareçam contrárias, ambas as visões são negativas, pois pressupõem a ideia de inferioridade e dependência.

Muitas pessoas cometem o capacitismo passivo por não saber o que ele é e como se manifesta. Além do conhecimento, a melhor maneira de combater esse tipo de discriminação é através da convivência com pessoas com deficiência. Esse convívio ajuda a desmistificar ideias fixadas no senso comum, reproduzidas pelas pessoas sem que elas saibam por quê.

Mas o capacitismo também pode acontecer de forma intencional, proposital, e nesse caso é chamado de **CAPACITISMO ATIVO** – um comportamento opressor, violento e excludente (Ignarra; Saga, 2023). Alguns exemplos de ações que representam esse tipo de capacitismo:

- Apontar o dedo para pessoas com deficiência.
- Tirar fotos de pessoas com deficiência sem autorização.
- Invadir a privacidade de pessoas com deficiência.
- Abrir exceções justificadas pela deficiência.
- Negar a necessidade de acessibilidade.

Esse tipo de capacitismo expõe a deficiência de forma negativa, cruel, minimizando a pessoa e invadindo sua privacidade. Se ações como essas não acontecem com pessoas sem deficiência, por que pessoas com deficiência precisam ser expostas a elas?

Outra forma de preconceito e discriminação é o **CAPACITISMO LINGUÍSTICO**: o uso de termos e expressões que dão uma conotação negativa à deficiência, reforçando estereótipos e desrespeitando a pessoa com deficiência através de alusões pejorativas a certas características físicas, sensoriais ou intelectuais (Ignarra; Saga, 2023). No capítulo seguinte trataremos do capacitismo linguístico em mais detalhes. Por ora, destacamos algumas ações que o caracterizam:

- Usar termos inadequados.
- Usar expressões de senso comum ou ditos populares preconceituosos.
- Negar direitos da pessoa com deficiência através de barreiras impostas na comunicação, não disponibilizando intérprete de Libras, legendas, braile, etc.

É importante entender que algumas expressões ou termos usados no passado hoje não são mais apropriados. Assim como nossa sociedade passa por várias transformações, a linguagem é revista e repensada. Um exemplo disso é a própria terminologia utilizada para se referir às pessoas com deficiência. Durante séculos, essas pessoas foram chamadas de "inválidas". Depois, no século XX, a nomenclatura mudou, mas ainda carregava um sentido pejorativo: "incapacitados", "defeituosos", "deficientes", "excepcionais". Nos anos oitenta e início dos noventa, passaram a ser usados os termos "pessoas deficientes", "pessoas portadoras de deficiência", "pessoas com necessidades especiais", "portadores de necessidades especiais", "pessoas especiais" e "portadoras de direitos especiais". Mais ou menos a partir de 1994 (ano de um marco importante, a Declaração de Salamanca) o termo "pessoa com deficiência" começou a se consolidar (Sassaki, 2003).

Toda essa evolução na terminologia visa considerar a pessoa em primeiro lugar, com a deficiência sendo apenas uma entre as muitas características que alguém pode ter. Pois, como já destacamos aqui, nenhuma pessoa se resume a sua deficiência.

Brincadeiras e piadas são outro tipo de comportamento que constantemente manifesta preconceitos. Quem nunca ouviu uma piada que remetesse a alguma deficiência? Esse é o chamado **CAPACITISMO RECREATIVO**, que ocorre quando alguém usa brincadeiras e piadas que ofendem a pessoa com deficiência e depreciam sua imagem (Ignarra; Saga, 2023). Na maioria das vezes, quem comete o capacitismo recreativo conta com uma plateia: ouvintes que, ao acharem graça da piada capacitista, endossam comportamentos preconceituosos, perpetuando atitudes que deveriam ser condenadas em vez de exaltadas. Algumas ações que representam esse tipo de capacitismo:

- Fazer brincadeiras relacionadas com características corporais ou questões intelectuais.
- Fazer piadas envolvendo pessoas com deficiência.
- Expor pessoas com deficiência em programas de televisão, festas e redes sociais usando humor depreciativo.

O humor pode ser um aliado para promover a inclusão e combater o preconceito, desde que seja feito de maneira respeitosa e sensível, celebrando a diversidade e aproximando as pessoas. Temos muitas ferramentas para combater a discriminação, basta saber usá-las. No entanto, brincadeiras que desrespeitam pessoas, piadas que evidenciam características e termos que depreciam a imagem do outro não são motivo de riso. O capacitismo recreativo desrespeita grupos minoritários que já enfrentam inúmeros fatores de exclusão e dificuldades para participar socialmente. Esse tipo de capacitismo não pode ser considerado "arte" ou "liberdade de expressão".

Outra manifestação de preconceito e discriminação é tratar a pessoa com deficiência como se estivesse doente, precisando de cura. Nesse caso, estamos diante do **CAPACITISMO MÉDICO**, uma perspectiva que desconsidera as habilidades e potencialidades da pessoa com deficiência, limitando suas oportunidades de participação na sociedade para focar numa suposta falta. Veja algumas ações que representam esse tipo de capacitismo:

- Tratar a deficiência como doença.
- Buscar uma cura para a deficiência.
- Perceber a deficiência como um problema ou fardo.
- Achar que a pessoa com deficiência precisa de um tratamento especial.

O capacitismo médico encara a deficiência como um problema que precisa ser solucionado ou minimizado para que a pessoa consiga usufruir uma vida plena. Essa perspectiva enfatiza a falta, a dificuldade, a incapacidade, ignorando por que as pessoas com deficiência não estão dividindo espaços sociais com pessoas sem deficiência.

Um dos motivos para isso é certamente a falta de acessibilidade na educação e no trabalho. E aqui chegamos ao **CAPACITISMO INSTITUCIONAL**, que impõe condições desiguais de acesso, oportunidades e tratamento às pessoas com deficiência. Esse tipo de capacitismo se manifesta na ausência de adaptações e recursos necessários para que a pessoa com deficiência tenha igualdade de oportunidades no acesso a instituições públicas e privadas. Além disso, o capacitismo institucional está presente em políticas, normas e práticas que reforçam a exclusão e a desigualdade (Costa *et al.*, 2023). Listamos algumas ações que representam esse tipo de capacitismo:

- Não oferecer oportunidades de trabalho às pessoas com deficiência.
- Não garantir acessibilidade em processos seletivos.
- Colocar pessoas com deficiência em postos de trabalhos que exigem menos qualificação.
- Acreditar que a pessoa com deficiência entregará menos em seus trabalhos por conta da deficiência.

- Não oferecer adaptações, quando necessárias, para que a pessoa com deficiência realize seu trabalho.
- Ignorar a participação de pessoas com deficiência em decisões importantes ou em espaços de liderança.
- Negar matrícula nas escolas.
- Não garantir permanência, participação e aprendizagem no ambiente escolar.

Considerando a importância da educação e do trabalho na inclusão da pessoa com deficiência, vale a pena nos determos um pouco mais no capacitismo institucional.

Como vimos no primeiro capítulo, o trabalho não se limita à geração de renda. Através dele, conquistamos autonomia e autoestima – e, mais do que isso, o trabalho permite que nos vejamos como agentes de transformação social, sendo fundamental para garantir a cidadania e o senso de pertencimento. Para a pessoa com deficiência, o sentimento de eficácia no trabalho contribui para a construção de uma identidade social e o reconhecimento das próprias capacidades (Santos, 2018).

No Brasil, como também vimos no capítulo 1, temos duas leis que visam garantir o acesso das pessoas com deficiência ao mundo do trabalho: a Lei nº 8.112/1990, que estabelece a reserva de 20% das vagas de concursos públicos para pessoas com deficiência, e a Lei nº 8.213/1991, que estabelece, para empresas privadas com mais de cem funcionários, o preenchimento de 2% a 5% dos cargos por pessoas com deficiência.

No entanto, apesar de importantes, essas leis não garantem totalmente o acesso e a permanência da pessoa com deficiência no mercado de trabalho (Darcanchy, 2007). O capacitismo institucional segue impondo obstáculos à empregabilidade e à escolarização desse público. A lei de cotas é um instrumento fundamental de inclusão, mas falta ainda conscientizar as organizações a fim de desmitificar a ideia de que as pessoas com deficiência não são produtivas. Afinal, a contratação desse público precisa ser feita pelo reconhecimento de suas reais capacidades e potencialidades para exercer funções laborais.

E aqui é importante ressaltar que o acesso à educação é o ponto fundamental diretamente relacionado à empregabilidade. Muitas vezes, a falta de acesso ao mundo do trabalho é consequência dos obstáculos enfrentados no mundo educacional.

Por isso, é importante combater o capacitismo institucional em todas as suas formas. O acesso à educação e a igualdade de condições para o desenvolvimento das pessoas com deficiência, respeitando suas particularidades, são direitos previstos pelo Estatuto da Pessoa com Deficiência, que visa assegurar acesso, permanência, participação e aprendizado efetivo em um ambiente equitativo e inclusivo. Mas, para além das leis e políticas públicas, a conscientização e as mudanças de atitudes individuais são fundamentais para a construção de uma sociedade mais justa e inclusiva.

PARA REFLETIR

Embora existam normativas que garantam a contratação de pessoas com deficiência, estabelecendo porcentagens de cotas a depender do número de funcionários de cada empresa, esse ainda é um campo em que os direitos das pessoas com deficiência são violados. Podemos exemplificar isso com dados da Pesquisa Nacional por Amostra de Domicílios (Pnad) de 2022, que apontam que há, no Brasil, 18,6 milhões de pessoas com deficiência. Destas, 17,5 milhões estão em idade de trabalhar, mas apenas 5,1 milhões estão participando na força de trabalho. Em termos comparativos, 35,1% dos homens com deficiência em idade de trabalhar estão na força de trabalho, ante 76,1% dos homens sem deficiência. Entre as mulheres, as porcentagens são de 25,2% (com deficiência) ante 57,1% (sem deficiência) (Instituto Brasileiro de Geografia e Estatística, 2023).

QUANDO O CAPACITISMO LINGUÍSTICO ENCONTRA O CAPACITISMO INSTITUCIONAL

Pessoas com deficiência frequentemente enfrentam barreiras para encontrar empregos, conseguindo-os minimamente por meio das cotas existentes em empresas e cargos públicos – e, mesmo quando conseguem uma vaga, dificilmente ocupam cargos valorizados, de prestígio ou liderança. Além disso, ao ingressarem no mercado de trabalho, ainda podem se deparar com expressões capacitistas.

Para fazermos a nossa parte, contribuindo para um ambiente de trabalho mais inclusivo, acolhedor e diverso, é importante eliminar da fala algumas frases capacitistas que podem excluir ou constranger pessoas com deficiência. Vamos conhecer exemplos para tirá-los de vez do nosso vocabulário?

“ ELE DEU UMA MANCADA NA REUNIÃO DE ONTEM.

Cometer um erro, dar um vacilo... Quem nunca? Seja no ambiente corporativo ou em nossas relações interpessoais, todos cometemos deslizes. O importante é aprender com eles, não é mesmo?

A frase mencionada, porém, relaciona o erro a uma “mancada”. Mas o que é, sem metáforas, uma mancada? “Mancar” é a forma de caminhar da pessoa que apresenta alguma dor, lesão, mobilidade reduzida permanente ou temporária, ou até mesmo algum tipo de deficiência física que a faz andar de maneira irregular, sem um movimento simétrico das pernas.

Quando associamos a ação de mancar ou a dificuldade de locomoção ao erro, reforçamos, mais uma vez, a ideia de que a deficiência está ligada a algo negativo. Isso contribui para a visão capacitista de que pessoas com deficiência são incapazes, propensas ao erro ou inferiores.

Quando cometemos um erro, o que buscamos fazer em seguida? Corrigi-lo. Porém, ao associarmos a deficiência ao erro, e o erro à correção, inconscientemente vinculamos a deficiência à necessidade de reparação, reforçando um viés clínico. Dessa forma, para não perpetuar essa perspectiva, podemos reestruturar a frase para, simplesmente, "Ele cometeu um erro na reunião de ontem".

"NOSSA EQUIPE NÃO TEM BRAÇOS (OU PERNAS) PARA EXECUTAR ESSA TAREFA.

A metáfora traz implícita a conotação de que pessoas com deficiência – neste caso, aquelas que não têm algum membro do corpo – são inaptas, incapazes ou não conseguem desempenhar certas responsabilidades. Essa associação equipara a falta de um membro à incapacidade ou à incompletude, ignorando a diversidade de habilidades e estratégias que podem ser desenvolvidas por pessoas com esse tipo de deficiência.

Compreendendo o preconceito que a frase reforça, podemos substituí-la por diversas alternativas mais respeitosas, como: "Nosso pessoal não tem tempo suficiente para realizar essa tarefa", "Nosso grupo não tem recursos para atender a essa demanda", "Nossa equipe não tem pessoas suficientes para concluir esse trabalho" ou, ainda, "Nosso time está sobrecarregado no momento". Todas essas opções respeitam as pessoas com deficiência física e evitam perpetuar o capacitismo.

> EU NÃO CONTRATO PESSOAS COM DEFICIÊNCIA, POIS ELAS NÃO CONSEGUEM EXECUTAR AS ATIVIDADES QUE SOLICITO.

Será que a pessoa realmente não consegue executar a tarefa por conta de sua deficiência, ou será que o ambiente ou a atividade não estão adaptados? Quando atribuímos a não realização de tarefas exclusivamente à deficiência, estamos, mais uma vez, estigmatizando a população PcD com base em supostas limitações.

As instituições devem oferecer recursos e ferramentas para que as pessoas com deficiência sejam de fato incluídas nos ambientes em que atuam. Dessa forma, a Estatuto da Pessoa com Deficiência trata, em seu sexto capítulo, exatamente do direito ao trabalho. O artigo 34 afirma: "A pessoa com deficiência tem direito ao trabalho de sua livre escolha e aceitação, em ambiente acessível e inclusivo, em igualdade de oportunidades com as demais pessoas", incluindo o "acesso a cursos, treinamentos, educação continuada, planos de carreira, promoções, bonificações e incentivos profissionais oferecidos pelo empregador, em igualdade de oportunidades com os demais empregados".

Ainda no artigo 34, parágrafo 3º, o Estatuto da Pessoa com Deficiência estabelece:

> É vedada restrição ao trabalho da pessoa com deficiência e qualquer discriminação em razão de sua condição, inclusive nas etapas de recrutamento, seleção, contratação, admissão, exames admissional e periódico, permanência no emprego, ascensão profissional e reabilitação profissional, bem como exigência de aptidão plena (Brasil, [2024]).

Quando alguém diz que não contrata pessoas com deficiência pois elas não conseguem executar as atividades solicitadas, temos um exemplo claro de capacitismo. Assim, que tal reformular a frase para: "Do que você precisa para executar a tarefa que lhe pedi?", "Você necessita de alguma adaptação para executar essa atividade?".

ACESSIBILIDADE E BARREIRAS

A essa altura, depois de conhecer as várias formas de capacitismo, você já deve ter entendido que a deficiência não está na pessoa, mas nos obstáculos impostos a ela. A sociedade apresenta barreiras que impedem as pessoas com deficiência de exercer seus direitos, e esse é o principal motivo pelo qual elas precisam se superar constantemente para ter uma vida digna. Assim, o estereótipo da superação é consequência direta da falta de **ACESSIBILIDADE**.

O Estatuto da Pessoa com Deficiência, em seu artigo 3º, define a acessibilidade como

> possibilidade e condição de alcance para utilização, com segurança e autonomia, de espaços, mobiliários, equipamentos urbanos, edificações, transportes, informação e comunicação, inclusive seus sistemas e tecnologias, bem como de outros serviços e instalações abertos ao público, de uso público ou privados de uso coletivo, tanto na zona urbana como na rural, por pessoa com deficiência ou com mobilidade reduzida (Brasil, [2024]).

A acessibilidade é a principal ferramenta para combater as **BARREIRAS** existentes na sociedade. Ainda de acordo com o Estatuto da Pessoa com Deficiência, as barreiras são definidas como qualquer entrave, obstáculo, atitude ou comportamento que limite ou impeça a participação social da pessoa, bem como o gozo, a fruição e o exercício de seus direitos à acessibilidade, à liberdade de movimento e de expressão, à comunicação, ao acesso à informação, à compreensão, à circulação com segurança, entre outros (Brasil, [2024]).

Essas barreiras são classificadas em:

a. barreiras urbanísticas: as existentes nas vias e nos espaços públicos e privados abertos ao público ou de uso coletivo;
b. barreiras arquitetônicas: as existentes nos edifícios públicos e privados;
c. barreiras nos transportes: as existentes nos sistemas e meios de transportes;
d. barreiras nas comunicações e na informação: qualquer entrave, obstáculo, atitude ou comportamento que dificulte ou impossibilite a expressão ou o recebimento de mensagens e de informações por intermédio de sistemas de comunicação e de tecnologia da informação;
e. barreiras atitudinais: atitudes ou comportamentos que impeçam ou prejudiquem a participação social da pessoa com deficiência em igualdade de condições e oportunidades com as demais pessoas;
f. barreiras tecnológicas: as que dificultam ou impedem o acesso da pessoa com deficiência às tecnologias (Brasil, [2024]).

Infelizmente, nossa sociedade continua repleta de barreiras, presentes no lazer, no trabalho, na educação, na saúde. Pensar em capacitismo é pensar em todas essas barreiras que as pessoas com deficiência precisam superar diariamente em busca de seus direitos.

AS DIMENSÕES DA ACESSIBILIDADE

Agora que conhecemos os diferentes tipos de barreiras, vamos conhecer as dimensões da acessibilidade conforme apresentadas por Romeu Sassaki (2009, 2019). O autor destaca sete dimensões: arquitetônica, comunicacional, metodológica, instrumental, programática, natural e atitudinal – a que podemos acrescentar, ainda, uma oitava dimensão, cada vez mais importante, a digital. Todas elas são essenciais para termos uma sociedade que garanta todos os direitos das pessoas com deficiência.

A seguir, partindo de algumas perguntas, vamos entender cada uma dessas dimensões da acessibilidade.

VOCÊ JÁ ESTEVE EM ALGUMA EDIFICAÇÃO QUE NÃO TEM RAMPAS OU ELEVADORES? JÁ PENSOU EM COMO UMA PESSOA COM DEFICIÊNCIA PODE SE LOCOMOVER NESSE AMBIENTE?

Quando temos barreiras que impedem uma pessoa de se deslocar com autonomia, estamos falando em **ACESSIBILIDADE ARQUITETÔNICA**, o tipo de acessibilidade que assegura o direito à liberdade de locomoção previsto na Declaração Universal dos Direitos Humanos e na Constituição Federal. Para haver acessibilidade arquitetônica, não pode haver barreiras físicas que impeçam ou dificultem a mobilidade da pessoa com deficiência em construções, espaços urbanos, meios de transportes, espaços de trabalho, mobiliário, etc.

IMAGINE UM AMBIENTE EM QUE TODOS FALAM UMA LÍNGUA DIFERENTE DA SUA E VOCÊ NÃO CONSEGUE SE COMUNICAR COM AS PESSOAS. COMO VOCÊ SE SENTIRIA?

As barreiras comunicacionais estão diretamente relacionadas à comunicação e à forma como as pessoas se relacionam com ela. A **ACESSIBILIDADE COMUNICACIONAL** garante o acesso a informações em diferentes âmbitos e meios (comunicação oral ou gestual, braile, audiovisual, etc.). O importante é que a informação chegue a todos, independentemente da maneira de se expressar. Para exemplificar, podemos citar algumas normativas que visam assegurar a acessibilidade comunicacional, como a Lei nº 10.436/2002, que reconhece a Libras como meio legal de expressão e comunicação das comunidades surdas do Brasil, e o Decreto nº 5.626/2005, que regulamenta a Lei nº 10.436, estabelecendo, entre outras providências, a obrigatoriedade da disciplina curricular de Libras em cursos de formação de professores.

No museu, uma fotografia para deficientes visuais, com texto em braile e formas em relevo: exemplo de acessibilidade comunicacional.

Crédito: EdNurg - stock.adobe.com.

NA SUA VIDA ESCOLAR, VOCÊ TEVE COLEGAS DE SALA COM DEFICIÊNCIA? TEVE A IMPRESSÃO DE QUE ESSES ALUNOS NÃO APRENDIAM?

REPAROU SE O PROFESSOR UTILIZAVA O MESMO MATERIAL PARA A SALA TODA?

Todas as pessoas podem ser inseridas em processos de aprendizagem. Não existe essa história de que determinada pessoa não aprende. Todos nós somos capazes de aprender. Para isso, basta disponibilizar ferramentas, técnicas e métodos adaptados às singularidades de cada pessoa. A acessibilidade metodológica consiste justamente em garantir a acessibilidade no processo de aprendizagem através do entendimento de que cada ser humano tem uma maneira de aprender.

VOCÊ JÁ PAROU PARA PENSAR COMO UMA PESSOA CEGA CONSEGUE TER ACESSO A UM COMPUTADOR E NAVEGAR PELA INTERNET DE MANEIRA AUTÔNOMA? SERÁ QUE AS PÁGINAS DA WEB SÃO ACESSÍVEIS? UMA PESSOA CEGA CONSEGUE NAVEGAR PELA INTERNET SEM DIFICULDADES?

Hoje os equipamentos tecnológicos são nossos aliados em praticamente tudo: educação, trabalho, lazer, comunicação, informação. Por exemplo, uma pessoa cega ou com alguma deficiência visual pode usar um computador e acessar a internet com um software leitor de tela. Esse tipo de recurso busca garantir a **ACESSIBILIDADE INSTRUMENTAL**, que consiste no uso de utensílios, máquinas e dispositivos que ajudam nas atividades da vida diária, no trabalho, na escola e no lazer, possibilitando que a pessoa com deficiência participe ativamente da sociedade.

Quando falamos de acessibilidade instrumental, também estamos nos referindo à **ACESSIBILIDADE DIGITAL**. Isso envolve recursos que permitem o uso, o acesso e a compreensão autônoma de informações, serviços ou tecnologias digitais. Exemplos desses recursos incluem conteúdo em áudio, legendas em vídeos, descrições de imagens, tradução em Libras, fontes legíveis, links facilmente identificáveis, navegação pelo teclado e hashtags para facilitar a busca de assuntos por interesse (#PraCegoVer e #ParaTodosVerem, por exemplo). Esses recursos ajudam a diminuir as barreiras que dificultam o acesso à internet.

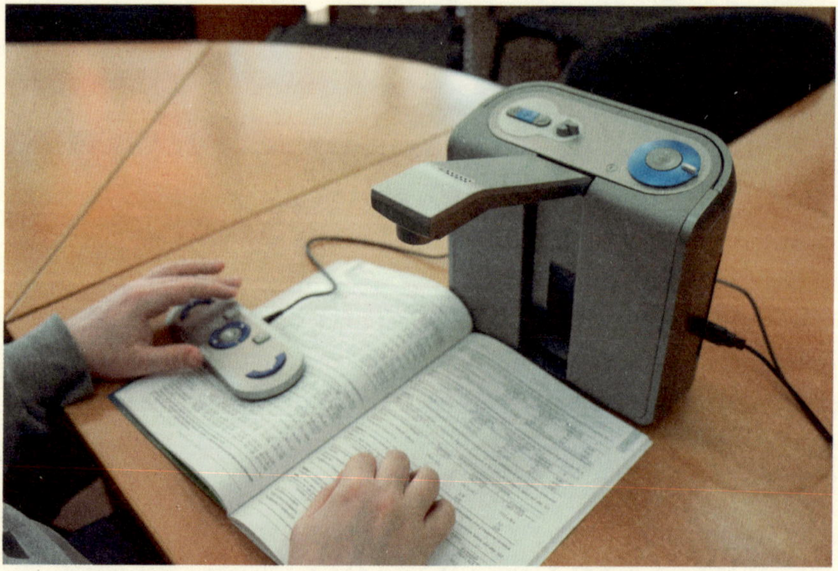

Exemplo de acessibilidade instrumental: um dispositivo portátil escaneia o texto e o reproduz em áudio. Tecnologias como essa permitem que pessoas com deficiência leiam com autonomia.

PENSE EM TODO O PROCESSO HISTÓRICO APRESENTADO NO PRIMEIRO CAPÍTULO DESTE LIVRO. AGORA RESPONDA: SE NÃO FOSSEM AS POLÍTICAS PÚBLICAS E OS AVANÇOS NA LEGISLAÇÃO, COMO SERIA A INCLUSÃO DAS PESSOAS COM DEFICIÊNCIA NA SOCIEDADE?

A **ACESSIBILIDADE PROGRAMÁTICA** refere-se à acessibilidade em leis, decretos, regulamentos, normas, portarias, resoluções e políticas públicas que combatem a exclusão e atendem às necessidades das pessoas com deficiência.

Como exemplos, podemos citar as leis nº 8.231/1991 (Lei de Cotas), nº 10.098/2000 (Lei de Acessibilidade), nº 10.436/2002 (Lei de Libras) e nº 13.146/2015 (Estatuto da Pessoa com Deficiência), bem como a Política Nacional de Educação Especial na Perspectiva da Educação Inclusiva (PNEEPEI).

PENSE EM UMA PESSOA COM DEFICIÊNCIA FÍSICA QUE USA UMA CADEIRA DE RODAS PARA SE LOCOMOVER. ESSA PESSOA QUER IR À PRAIA. COMO SERÁ O SEU DESLOCAMENTO NA AREIA?

A acessibilidade natural refere-se a barreiras naturais (como areia, pedras, subidas e descidas) que de alguma forma impedem ou dificultam a presença de pessoas com deficiência em alguns espaços. Esse tipo de acessibilidade preza que todos possam se deslocar com segurança e autonomia em espaços naturais. No exemplo da praia, para superar esse tipo de barreira, há um tipo de cadeira de rodas chamada anfíbia que permite à pessoa com deficiência física se deslocar com segurança pela areia e entrar no mar.

Uma cadeira anfíbia: exemplo de recurso que busca garantir a acessibilidade natural.

QUANTAS PESSOAS COM DEFICIÊNCIA VOCÊ CONHECE? QUANTAS ESTÃO INSERIDAS NO MUNDO DO TRABALHO? E, ENTRE ELAS, QUANTAS ESTÃO TRABALHANDO EM UM AMBIENTE LIVRE DE PRECONCEITOS E ESTIGMAS GRAÇAS AO ESFORÇO DOS GESTORES E DA CONSCIENTIZAÇÃO DOS COLEGAS DE TRABALHO?

A **ACESSIBILIDADE ATITUDINAL** refere-se ao comportamento das pessoas e ao modo como elas agem e pensam em relação aos outros e suas diferenças. A barreira atitudinal é a primeira a ser rompida, pois envolve mudanças na mentalidade, nas atitudes e no comportamento das pessoas.

Essas barreiras se baseiam em atitudes e comportamentos que dificultam ou impedem a participação social das pessoas com deficiência, limitando o acesso igualitário a direitos básicos. Para dar espaço a novos comportamentos, as barreiras atitudinais precisam ser desconstruídas. Essa desconstrução exige um esforço individual e coletivo e pode ser realizada por meio de diversas ações, como a valorização da diversidade, a busca por informação, a garantia de cumprimento da legislação e, acima de tudo, pela educação, que é o ponto-chave para mudar esse cenário.

AGORA, RELEMBRE OS QUESTIONAMENTOS FEITOS PARA INTRODUZIR CADA UMA DAS DIMENSÕES DA ACESSIBILIDADE. REFLITA E, CASO SEJA UMA PESSOA SEM DEFICIÊNCIA, COLOQUE-SE NO LUGAR DE UMA PESSOA COM DEFICIÊNCIA. IMAGINE A SENSAÇÃO DE ENFRENTAR UMA SÉRIE DE BARREIRAS PARA ACESSAR ESPAÇOS E OPORTUNIDADES QUE PARECEM BANAIS PARA OUTRAS PESSOAS.

ARREMATANDO AS IDEIAS

Neste capítulo, definimos o que é capacitismo e vimos como ele se manifesta de diversas formas. Além disso, conhecemos as dimensões da acessibilidade e as barreiras que a impedem. Esperamos que, ao se perceber em algumas ações, atitudes e comportamentos do dia a dia, você tenha refletido sobre possibilidades de mudança. Esse é o primeiro passo para construir o caminho para uma sociedade inclusiva.

O próximo capítulo vai contribuir muito nesse percurso. Ele nos apresentará termos e expressões preconceituosas que precisamos deixar de reproduzir, explicando por que eles não cabem mais no nosso vocabulário.

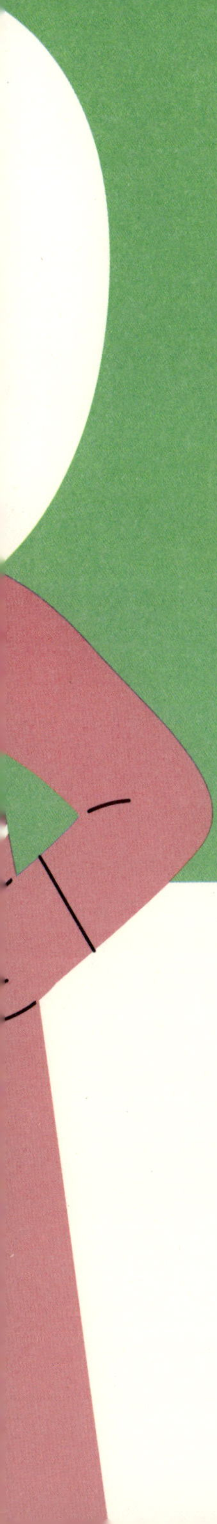

Capítulo 3

VOCÊ JÁ FOI CAPACITISTA? O CAPACITISMO NA LINGUAGEM

Depois de percorrermos a história das pessoas com deficiência na sociedade e analisarmos diferentes abordagens e políticas públicas, chegamos a uma refexão prática: você já reproduziu o capacitismo em suas falas?

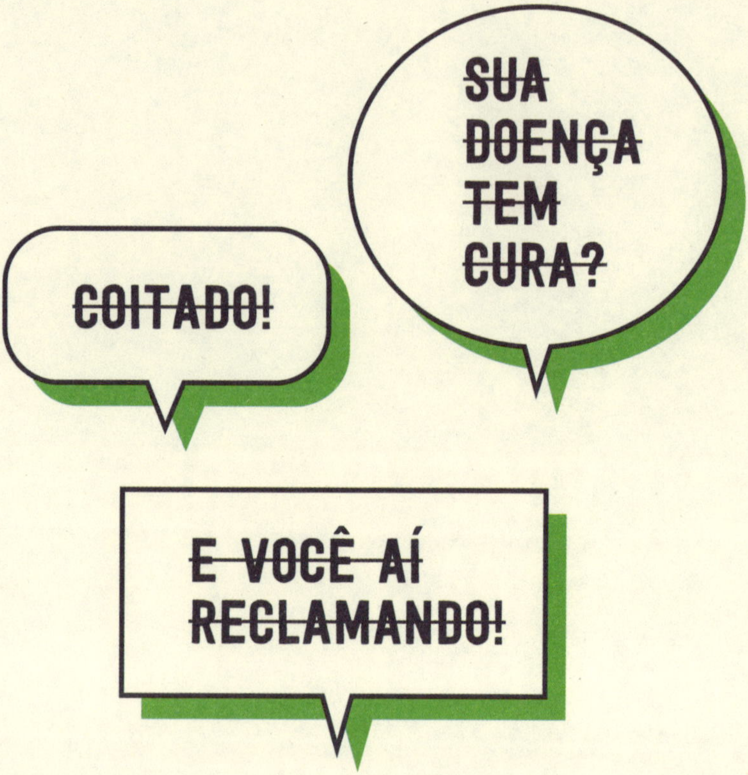

Na linguagem, o capacitismo se manifesta em termos e expressões que dão uma conotação negativa à deficiência, reforçando estereótipos e desrespeitando a pessoa com deficiência.

A visão médica e clínica da deficiência busca ajustar os corpos a normas impostas pela sociedade, e isso não acontece só com pessoas com deficiência, mas com todos que não se encaixam no padrão dominante: homem, cisgênero, heterossexual e branco. No caso dos corpos femininos, por exemplo, vemos como a indústria da beleza reforça normas, tornando as mulheres reféns de padrões de aparência, comportamento e juventude. Muitas mulheres, mesmo cientes dessas imposições sociais, acabam tentando se adequar. Emagrecer, alisar ou pintar os cabelos, fazer cirurgias plásticas, aplicar colágeno ou botox são práticas comuns, que fortalecem a normatização e reduzem as diferenças (Conceição-de-Andrade, 2022).

Já os corpos com deficiência, para os quais as "adequações" não são possíveis, precisam reivindicar seus direitos e existir resistindo à padronização imposta por uma sociedade que transforma as diferenças em preconceitos: o machismo afeta os corpos femininos; o racismo, os corpos negros; a LGBTfobia, os corpos LGBTQIAPN+; e, no caso das pessoas com deficiência, enfrentamos o capacitismo.

A norma social busca aproximar os corpos das pessoas com deficiência do padrão considerado "normal", levando essas pessoas a serem constantemente rotuladas. Em vez de reconhecidas por suas culturas e diferenças, elas são vistas apenas como "deficientes" que precisam de "reparo", sendo subestimadas e excluídas. Frases como "esse aluno não aprende", ou "como contratar uma pessoa com deficiência?", reforçam essas percepções e são exemplos de capacitismo.

Neste capítulo, conheceremos discursos capacitistas comuns e suas consequências. Abordaremos elogios inadequados, expressões populares, linguagem excludente e pejorativa, infantilização, romantização da deficiência e outras questões. O objetivo é desconstruir a visão negativa promovida pelo viés clínico, que enfatiza ausência e déficit, e reconhecer a deficiência como parte da subjetividade e identidade de cada pessoa.

Muitas expressões capacitistas são reproduzidas sem reflexão, reforçando estereótipos e contrariando os esforços de inclusão. Aqui, além de identificá-las, vamos propor alternativas para promover uma comunicação mais respeitosa e inclusiva. Agora é o momento de agir. Vamos juntos?

ELOGIOS? O QUE NÃO SE DIZ PODE DIZER MUITO

Muitas vezes, a sociedade enxerga a deficiência como uma limitação absoluta, ignorando a autonomia e a capacidade da pessoa com deficiência de cumprir tarefas, trabalhar, formar uma família e viver de maneira independente. E esse preconceito pode se manifestar até em atitudes que à primeira vista parecem positivas.

Você já ouviu alguém dizendo frases que parecem elogios, mas, na verdade, reforçam a ideia de que pessoas com deficiência são sempre dependentes? Vamos conhecer algumas dessas frases e desconstruí-las juntos.

> **“APESAR DA SUA DEFICIÊNCIA, VOCÊ CONSEGUE FAZER MUITAS COISAS SOZINHO.**

Essa frase transmite a ideia de que a pessoa com deficiência sempre depende de outras para realizar suas atividades, carregando um capacitismo implícito, enraizado na sociedade. Ao sugerir que as pessoas com deficiência não conseguem executar funções de forma autônoma, a afirmação as infantiliza.

Também podemos questionar as relações de poder entre pessoas com e sem deficiência. Ao refletir sobre a expressão "apesar da sua deficiência", nos perguntamos: será que isso quer dizer "apesar das suas limitações", "apesar das suas dificuldades", "apesar das suas incapacidades"? Embora a intenção por trás dessa fala possa ser bem-intencionada, quando pensamos na mensagem subentendida, ela deixa de soar como um elogio. Em vez disso, propomos substituí-la, por exemplo, por "Você desempenha muitas tarefas". Dessa forma, o foco deixa de ser a limitação e passa a ser o reconhecimento da capacidade do indivíduo, independentemente da deficiência.

> **“EU, QUE NÃO TENHO UMA DEFICIÊNCIA, NÃO CONSIGO FAZER O QUE ELA FAZ!**

Essa é mais uma frase que até pode parecer um elogio, mas na verdade reforça um pensamento capacitista. Ao analisá-la, percebemos como ela sugere que pessoas sem deficiência são superiores às que têm deficiência. Implícita, está a ideia de que "eu, sendo normal, não consigo fazer o que ele, mesmo sendo anormal, faz". Quando desconstruímos a frase por esse viés, ela fica chocante, não é?

Por isso, sugerimos substituir a frase por algo como "Não consigo fazer o que você faz" ou "Você é muito competente naquilo que faz". Dessa forma, a mensagem valoriza a habilidade da pessoa sem associar sua deficiência a uma limitação.

IMPORTANTE

Elogios que reforçam diferenças entre pessoas com e sem deficiência não são bem-vindos, mas isso não quer dizer que a palavra "deficiência" deva ser evitada. É por meio dessa palavra que políticas públicas garantem direitos. O problema surge quando o termo é usado de forma negativa, reforçando estereótipos prejudiciais.

"MESMO TENDO UMA DEFICIÊNCIA, VOCÊ É TÃO BONITO!

Essa frase encerra nosso primeiro bloco de "não elogios". Podemos compará-la a outras expressões problemáticas, como "Você é tão bonita... de rosto", ou "Você é tão bonito, é um desperdício que goste de homens" (esta última frequentemente dirigida à comunidade LGBTQIAPN+).

Cada grupo enfrenta diferentes formas de discriminação, mas o ponto central é que nenhum desses "elogios", por mais bem-intencionados que sejam, são agradáveis de se receber. No caso da frase sobre deficiência, surge a pergunta: pessoas com deficiência não podem ser bonitas?

Implicitamente, a frase pressupõe o que é considerado bonito e o que é considerado feio. Quando a desconstruímos, percebemos como ela sugere que, apesar da deficiência (vista como algo indesejável), alguém ainda pode ser bonito. Esse discurso pode afetar negativamente a autoestima, a autoconfiança e o bem-estar emocional das pessoas com deficiência, impactando sua saúde mental.

Uma forma mais respeitosa e direta de elogiar é simplesmente dizer: "Como você é bonito". Dessa maneira, eliminamos conotações negativas associadas à deficiência e valorizamos a pessoa por ser quem ela é.

Por fim, reforçamos que a deficiência não define ou limita ninguém; ela apenas compõe parte da identidade de cada pessoa – assim como tantas outras características que nos tornam únicos.

EXPRESSÕES POPULARES: O PRECONCEITO COTIDIANO

Expressões e ditados populares são transmitidos de geração em geração e refletem a cultura e os valores de uma sociedade. Eles fazem parte do nosso dia a dia e do vocabulário comum. Muitas vezes, os ditados usam metáforas e analogias para expressar ideias. Por exemplo, o ditado "água mole em pedra dura, tanto bate até que fura" usa uma analogia para destacar a importância da persistência para superar desafios, trazendo um conselho para enfrentarmos dificuldades em nossa rotina.

Porém, é essencial refletir sobre expressões e ditados que implicitamente reforçam preconceitos ou excluem determinados grupos. No caso das pessoas com deficiência, eles podem perpetuar estigmas ao associar a deficiência a limitações, ausência ou inferioridade.

Que tal conhecer algumas expressões populares e repensar o uso delas no nosso vocabulário?

“DESCULPA DE ALEIJADO É MULETA.

Essa expressão costuma ser usada quando uma pessoa não deseja cumprir determinada tarefa, dando alguma desculpa para evitá-la. Nesse caso, a desculpa é a “muleta”.

Ao problematizarmos essa frase, percebemos que implicitamente ela carrega o viés de que pessoas com *deficiência física* (e não “aleijadas”, como na expressão) usam as muletas como desculpa. A muleta, recurso essencial de acessibilidade, acaba transformada em um símbolo limitador (nesse caso, associado à preguiça). No entanto, na realidade, o uso de muletas é fundamental para a locomoção de pessoas com certos tipos de deficiência física, auxiliando no enfrentamento de barreiras arquitetônicas e urbanísticas. Ao minimizar o uso dessa ferramenta e sua importância para a funcionalidade e a autonomia das pessoas com deficiência, a expressão banaliza a relevância de recursos de adaptação que promovem a independência.

O problema da frase não reside na muleta em si, mas na forma como a sociedade encara as ferramentas de acessibilidade e não compreende as diferenças e pluralidades dentro da comunidade das pessoas com deficiência. Além disso, podemos problematizar essa expressão ao considerar a culpa atribuída à deficiência em si, como se pessoas com deficiência (neste caso física) sempre usassem sua condição para justificar a não realização de alguma tarefa, perpetuando a visão de que elas estariam “se aproveitando” da situação para evitar responsabilidades. Esse comportamento, porém, não diz respeito à deficiência, mas a características individuais, como princípios e caráter.

Assim, ao compreendermos algumas das implicações dessa expressão, que tal substituí-la por frases como “Não use isso como justificativa” ou “Não use esse argumento como desculpa”?

“NÃO DÊ UMA DE JOÃO SEM BRAÇO.

Essa expressão tem muito a ver com a apresentada anteriormente. Quando dizemos para alguém: "Ei, não dê uma de João sem braço", queremos dizer "Não se faça de desentendido" ou, ainda, que a pessoa está simulando desconhecimento para se esquivar de alguma responsabilidade.

Mesmo que não tenhamos essa intenção, nas entrelinhas estamos sugerindo que pessoas que não têm um braço se fazem de desentendidas. Por isso, para não reforçar um discurso capacitista, substitua essa expressão por uma alternativa mais inclusiva, como "Não dê desculpas para não executar sua função".

"MAIS PERDIDO QUE CEGO EM TIROTEIO."

A frase se refere a situações em que as pessoas enfrentam um impasse. Ela é usada também para se referir a alguém com dificuldade para executar uma tarefa, sem saber por onde começar, ou, ainda, a um cenário em que a pessoa está perdida em um local desconhecido.

O problema aqui é relacionar esse contexto às pessoas cegas, o que pode levar à ideia equivocada de que indivíduos com deficiência visual são incapazes de se localizar. Conforme a expressão, em uma situação de risco (um tiroteio), uma pessoa cega não saberia o que fazer, para onde ir ou como se proteger. Essa percepção carrega uma conotação capacitista, sugerindo que pessoas cegas são desprovidas da capacidade de se orientar espacialmente e lidar com circunstâncias desafiadoras.

Na verdade, pessoas com deficiência visual desenvolvem diversas estratégias e adaptações para levar uma vida autônoma. A verdadeira limitação vem da sociedade, que não disponibiliza pisos táteis em espaços públicos e privados, semáforos com retorno auditivo, textos em braile e ampliados, tecnologias como leitores de tela, cães-guia, etc.

Assim, a ideia de que uma pessoa cega é "perdida" não condiz com a realidade. O que a sociedade precisa é promover, financiar e respeitar os direitos desse público assegurados pela Lei de Acessibilidade (2000) e pelo Estatuto da Pessoa com Deficiência (2015).

Diante do impacto dessa expressão, que tal substituí-la por alternativas mais neutras e inclusivas, como "Estava completamente perdido", ou optar por versões mais descontraídas, como "Mais perdido que peixe fora d'água" ou "Mais perdido que quem perdeu o mapa"?

"EM TERRA DE CEGO, QUEM TEM UM OLHO É REI.

O ditado sugere que, em lugares onde as pessoas são inábeis, quem tem um mínimo de habilidade já é considerado superior. No contexto da frase, em um ambiente onde ninguém enxerga, quem tem visão se destaca.

Como a anterior, essa expressão carrega uma conotação capacitista, pois acaba reduzindo pessoas com deficiência visual a uma condição de desvantagem, reforçando estigmas e contribuindo para a marginalização desse grupo. Mesmo sem intenção de prejudicar, a frase reafirma privilégios sociais, valorizando o "corpo normal", que vê, ao mesmo tempo que desconsidera as multiplicidades, capacidades e habilidades das pessoas com deficiência sensorial.

Por isso, que tal substituir esse ditado por alternativas como "Onde todos buscam respostas, quem tem a chave abre portas" ou "Em um mar de semelhanças, quem tem farol se orienta"? Com essas duas alternativas, podemos nos expressar sem colocar em pauta os corpos de pessoas com deficiência.

PARA REFLETIR

Mesmo que os ditados populares tenham valor cultural em nossa sociedade, é essencial questioná-los para compreender, desconstruir e desmistificar aqueles que perpetuam a discriminação e reforçam estigmas. Isso não significa que precisamos abandonar todos os ditados! Podemos preservar aqueles capazes de nos trazer ensinamentos e reflexões.

“EU FIQUEI CEGO DE TANTA RAIVA NAQUELE MOMENTO!

A expressão se refere a situações em que a pessoa sente uma fúria intensa, perdendo momentaneamente a capacidade de agir racionalmente e controlar suas emoções. A cegueira mencionada na frase não é literal, mas uma metáfora para a perda de controle, o que, mais uma vez, reforça um estereótipo negativo sobre a deficiência. Esse tipo de linguagem pode sugerir que pessoas com deficiência visual não têm controle sobre suas vidas, ações ou emoções.

Assim, podemos substituir essa expressão por alternativas mais diretas e assertivas, como: “Eu fiquei com muita raiva naquele momento” ou “Fiquei furioso”. Dessa maneira, comunicamos a mensagem sem reforçar estereótipos prejudiciais.

A CULPA É DA DEFICIÊNCIA?

Como já dissemos nos capítulos anteriores, a deficiência pode ser vista a partir de dois vieses: o clínico, que foca o indivíduo, a falta, a cura, a normalização e o "reparo"; e o social, que destaca barreiras no ensino, nas adaptações, na acessibilidade, nas políticas públicas e nos direitos dessa população.

A seguir, refletiremos sobre frases que mostram como a concepção clínica da deficiência ainda predomina em nossa sociedade, apesar dos esforços para mudar esse olhar. Muitos ainda veem a deficiência como uma doença, algo negativo ou limitante, ou culpabilizam a pessoa com deficiência quando surgem obstáculos no trabalho e na escola.

Vamos aprender um pouco mais e desmistificar frases que carregam essas ideias?

"AQUELE ESTUDANTE ATRASA A TURMA!

Quem trabalha na área da educação provavelmente (e infelizmente) já presenciou esse tipo de comentário, em geral referido a estudantes com deficiência – o que não condiz com a realidade! Nenhum estudante atrasa a turma, pois todos têm diferentes ritmos e formas de desenvolvimento e aprendizado. Quando adotamos esse viés de culpabilização da deficiência e focamos apenas o indivíduo, estamos nos apoiando em uma perspectiva médica.

Quando um estudante apresenta dificuldades no aprendizado, cabe aos docentes e à instituição escolar refletir sobre o ensino. O foco deve estar nas adaptações fornecidas ao estudante, nas suas necessidades educacionais e na elaboração de um plano educacional individualizado (PEI) que compreenda estratégias desenvolvidas coletivamente, pela equipe pedagógica e, quando necessário, o professor de educação especial.

O aluno está tendo acesso ao ensino? Está participando das atividades? Está aprendendo? Afinal, segundo o Estatuto da Pessoa com Deficiência, todo estudante tem direito ao acesso à escola e a condições inclusivas que garantam sua permanência e participação efetiva na rotina escolar, com as adaptações necessárias para sua aprendizagem.

Sobre a reformulação da frase, acreditamos que, nesse contexto, não há substituição adequada. O mais importante é compreender que cada estudante, com ou sem deficiência, terá um ritmo diferente de aprendizado. Cabe aos educadores, ao ambiente escolar e à gestão se adaptar às múltiplas demandas que essa diversidade traz. Na escola, os estudantes aprendem com os professores, e faz parte da função docente buscar formas de ensinar. Ao mesmo tempo, os professores também têm a oportunidade de aprender, todos os dias, com cada um de seus alunos.

IMPORTANTE

Se você é um profissional da educação e já ouviu comentários como "Incluir esse aluno só vai atrapalhar a turma", "Se ela não está conseguindo acompanhar, talvez aqui não seja o lugar dela" ou "Não dá para adaptar tudo, ele precisa aprender como os outros", posicione-se com uma abordagem anticapacitista! É fundamental intervir, trazer informações e desconstruir estigmas sobre o público-alvo da educação especial.

> **SUA DOENÇA TEM CURA? TALVEZ VOCÊ NÃO VIVA PARA SEMPRE ASSIM.**

A sociedade muitas vezes confunde deficiência com doença, então vamos esclarecer. Uma pessoa pode ter uma deficiência congênita, isto é, nascer com ela, ou adquiri-la ao longo da vida. Algumas condições, como atrofia muscular espinhal (AME), esclerose múltipla e descolamento de retina, podem levar o indivíduo a ter uma deficiência adquirida. Porém, seja congênita ou adquirida, deficiência não é doença!

Quando enxergamos a deficiência como uma doença, estamos submetidos ao olhar clínico, que busca uma cura para algo que na realidade é uma característica. Obviamente, a medicina traz inúmeros benefícios, principalmente relacionados à qualidade de vida das pessoas com deficiência e à reabilitação (quando necessária e possível), mas devemos ficar atentos a construções sociais que visam apenas aproximar o sujeito do que a sociedade julga "normal".

Por exemplo, quando um bebê nasce surdo, existem inúmeras possibilidades para seu desenvolvimento. Uma das mais eficientes é o aprendizado precoce da Língua Brasileira de Sinais (Libras) (Conceição, 2019; Martins; Lacerda, 2011; 2016). No entanto, como 95% dos bebês surdos são filhos de pais ouvintes, as primeiras alternativas geralmente cogitadas são o uso de aparelhos auditivos e a cirurgia de implantes cocleares – soluções que buscam aproximar a criança do padrão normativo da audição.

A surdez, como toda deficiência, não tem cura, porque não é uma doença. O essencial é permanecermos atentos ao nosso vocabulário, para não reafirmar a ideia da patologização.

CONCEPÇÕES E TERMOS ULTRAPASSADOS

Como vimos, o público hoje denominado "pessoa com deficiência" já recebeu diversas outras nomenclaturas, como "pessoa portadora de deficiência", "pessoa portadora de necessidades especiais", "deficiente", entre outros. Com o avanço das pesquisas acadêmicas, dos movimentos sociais e da conscientização da sociedade, muitos desses termos caíram em desuso (ou deveriam ter caído, pois alguns deles continuam sendo erroneamente utilizados).

A seguir, selecionamos algumas frases que carregam esses termos e certas concepções equivocadas que infelizmente ainda circulam. Assim como os outros exemplos abordados neste capítulo, essas expressões devem ser abandonadas. Para entender por quê, vamos compreender os estigmas que as acompanham, pois a compreensão é o primeiro passo para quebrar paradigmas e eliminar rótulos ainda perpetuados.

“NEM PARECE QUE VOCÊ TEM UMA DEFICIÊNCIA! QUAL É?

Cordão de girassol, usado no Brasil e em vários outros países para identificar deficiências que não são aparentes.

Nem toda deficiência é visível. Algumas são perceptíveis, mas muitas outras são ocultas – como a surdez, alguns casos de deficiência intelectual e o transtorno do espectro autista (TEA). Também há transtornos ocultos, como o transtorno de déficit de atenção e hiperatividade (TDAH), assim como doenças ocultas, como a fibromialgia e a síndrome de Crohn.

O fato de algumas condições serem "invisíveis" não significa que não existam ou devam ser questionadas. A deficiência não tem rosto; ela simplesmente é, faz parte da subjetividade.

Falas como "nem parece" invalidam as vivências e lutas das pessoas com deficiências ocultas, criando um sentimento de não pertencimento e reforçando estigmas sociais. Muitas dessas pessoas, embora também enfrentem o capacitismo, podem ser impedidas de se posicionar como pessoas com deficiência. Esse preconceito resulta em julgamentos e olhares discriminatórios em atendimentos prioritários, requisição de cotas, filas preferenciais e até mesmo falta de atendimento adequado.

Por essa e outras razões, em 2023, foi sancionada a Lei nº 14.624, que garante o uso do cordão de girassol como símbolo nacional de identificação das deficiências ocultas, permitindo um atendimento mais digno e a disseminação de informação sobre essas deficiências (além de algumas doenças e transtornos que também podem justificar o uso do cordão mediante comprovação por laudo).

A medida é interessante, mas é preciso problematizá-la. Por um lado, o cordão de girassol ajuda na identificação e atendimento às pessoas com deficiências ocultas; por outro, ele pode acabar rotulando essas condições. Claro que o uso do cordão é opcional, mas será que ele deveria ser necessário para garantir um atendimento de qualidade, equitativo e inclusivo? Além disso, por vivermos em uma sociedade capacitista, o cordão também pode abrir espaço para olhares curiosos e julgamentos, gerando perguntas como "Qual deficiência você tem?".

Fazer esses questionamentos não significa ser contra o uso do cordão de girassol. É fundamental reconhecer que ele é uma alternativa válida para muitas pessoas com deficiência. No entanto, é sempre bom ter uma perspectiva crítica, que avalie os prós e contras das iniciativas.

“ OS SURDOS-MUDOS FALAM LINGUAGEM DE SINAIS.

Nessa frase temos dois equívocos: os termos “surdo-mudo” e “linguagem de sinais”. Vamos desmistificá-los.

Primeiramente, os surdos não são mudos. A mudez está associada à ausência de som nas cordas vocais ou a alguma questão relacionada ao aparelho fonador, o que não se aplica às pessoas surdas, que emitem sons e podem também aprender a falar oralmente por meio de estratégias desenvolvidas por um fonoaudiólogo. Assim, a falta de audição não implica mudez. Em uma concepção socioantropológica da surdez, os surdos se identificam a partir de uma diferença linguística. A surdez, portanto, está vinculada a uma identidade cultural, e não só à deficiência auditiva (Conceição; Martins, 2019).

A nomenclatura “surdo-mudo” é anterior à concepção socioantropológica da surdez como forma de expressão do sujeito por meio de uma outra língua e identidade. O termo, que devemos evitar, surge da crença de que se uma pessoa não fala a língua oral, é muda.

A fala, porém, não se desenvolve apenas na modalidade oral. Os surdos podem, sim, falar o português oralmente ou até mesmo ler lábios, mas, além disso, também podem se comunicar por meio da Língua Brasileira de Sinais. E aqui chegamos ao segundo equívoco da frase analisada: o termo “linguagem de sinais”.

Muitas pessoas ainda chamam a Libras erroneamente de “linguagem”. No entanto, a Libras é uma língua completa, com estrutura linguística e gramatical própria, de modalidade espaço-visual, distinta do português, que é de modalidade oral-auditiva. Em 2002, a Libras foi reconhecida pela Lei nº 10.436 como meio de comunicação e expressão das comunidades surdas brasileiras, que lutaram muito por esse reconhecimento.

Em vez de se sujeitarem à norma de uma língua oficial, os surdos se distanciaram do português oral como forma de resistência. Skliar (2003, p. 70) afirma que a luta contra as normalizações médicas culminou em uma "quebra de estereótipos para a legitimidade da experiência surda, na luta contra teorias que operam como forma de controle social".

Quando nos referimos à Libras como "linguagem", acabamos, ainda que sem querer, ignorando aspectos gramaticais, lexicais e acessíveis da língua (Conceição-de Andrade, 2022). Isso reforça a visão equivocada de que a Libras é apenas uma forma de mímica ou uma linguagem de fácil acesso dependente da língua oral. Dessa forma, quando nos depararmos com pessoas usando a frase aqui analisada, podemos orientá-las a dizer: "Os surdos se comunicam em Língua Brasileira de Sinais". Assim, reconhecemos a perspectiva da diferença linguística e da identidade da comunidade surda.

“ MELHOR FINGIR DEMÊNCIA.

Quem nunca se deparou com essa expressão, usada quando alguém se sente incomodado com um comentário que preferia ignorar? Pois bem, "demência" é mais um exemplo de um termo capacitista. A demência pode ser consequência de algumas doenças, como o Alzheimer, e reduzi-la à expressão mencionada minimiza os desafios enfrentados pelas pessoas com essa condição, reforçando estigmas.

Além disso, por afetar funções cognitivas, a demência pode ser erroneamente associada à deficiência intelectual – isto é, a condições relacionadas ao intelecto, ao processamento cognitivo, às sinapses e às funções cerebrais. Diferentemente da deficiência intelectual (que pode estar presente em diversas síndromes, como a síndrome de Down), a demência não é caracterizada por um comprometimento na funcionalidade do intelecto e no comportamento adaptativo – seja conceitual, social ou prático.

O uso da expressão "demência" pode reforçar estigmas que estamos buscando desconstruir, além de refletir a falta de empatia de uma sociedade que ainda não é plenamente inclusiva. Dessa forma, que tal substituí-la por alternativas como “Melhor fingir que não entendi”, “Melhor ignorar o que ele falou” ou “Melhor deixar esse comentário para lá”? Dessa maneira, evitamos desrespeitar experiências, vivências e existências diversas dentro da sociedade.

SOFRIMENTO DE QUEM? FALAS QUE REVELAM DESCONHECIMENTO

A essa altura já sabemos que não podemos (nem devemos) romantizar ou idealizar a deficiência. Afinal, mesmo com todo o histórico de conquistas e mudanças, os direitos das pessoas com deficiência ainda são frequentemente violados. Basta parar e pensar um pouco para perceber isso.

Você já reparou na condição das calçadas de sua cidade? Já reparou se há intérpretes de Libras nos espaços que frequenta? Ou se esses espaços têm piso tátil? E rampas? E, se há rampas, será que elas estão com a inclinação correta? Pois é, enfrentar essas barreiras todo dia é realmente cansativo. Por isso, não devemos romantizar essa realidade.

Por outro lado, muitas pessoas associam a deficiência ao sofrimento, e é comum ouvirmos frases como “Coitada”, “Quanto sofrimento” ou “Eu não aguentaria viver assim”. No entanto, não devemos enxergar a deficiência como sinônimo de sofrimento ou algo negativo, como se a pessoa estivesse constantemente triste. É claro que há momentos de frustração, por conta da violação de direitos, das barreiras sociais ou, simplesmente, de problemas pessoais, mas a deficiência por si só não determina o estado emocional de uma pessoa.

Assim, que tal lembrar de algumas expressões que associam deficiência a sofrimento e eliminá-las de vez da nossa fala?

“ EU CONHEÇO UMA PESSOA QUE SOFRE DE SURDEZ.

Será que uma pessoa surda sofre por ser surda? Ou será que a sociedade ouvinte tem essa percepção por estar enquadrada numa padronização majoritária? Pois bem, as pessoas podem sofrer por diversos motivos, mas não necessariamente por serem surdas.

O que gera o sofrimento são as barreiras que as pessoas com deficiência enfrentam por causa da falta de acessibilidade: ir ao médico e não compreender um diagnóstico porque o profissional não sabe Libras, ir ao cinema ou ao teatro em um momento de lazer e não conseguir acompanhar o espetáculo, estar presente em confraternizações familiares sem realmente participar porque as pessoas não sabem Libras ou não se esforçam para aprender e manter um diálogo... É a partir dessas barreiras que o sofrimento pode ocorrer.

Então, quando alguém diz "Eu conheço uma pessoa que sofre de surdez", poderia dizer: "Eu conheço uma pessoa surda, que fala língua de sinais, luta por seus direitos e tem políticas públicas sancionadas, mas ainda enfrenta barreiras em uma sociedade que desconhece minorias linguísticas".

> **"VOCÊ AÍ RECLAMANDO DA SUA VIDA! OLHA SÓ AQUELA PESSOA COM DEFICIÊNCIA, QUANTO SOFRIMENTO!**

Infelizmente, essa frase, que propõe uma espécie de hierarquização do sofrimento, ainda é muito ouvida. A ideia implícita é que, independentemente das dificuldades enfrentadas por alguém, há uma situação ainda pior: a deficiência, que, segundo essa perspectiva, seria a pior condição possível.

Pessoas sem deficiência não sabem o que significa viver com uma deficiência. O simples fato de uma pessoa com deficiência ter um corpo que foge do padrão normativo já pode gerar nos outros a percepção equivocada de que sua vida é ruim. É claro que, como já mencionado, a falta de acessibilidade e as diversas barreiras sociais, físicas e emocionais podem tornar o cotidiano desafiador. A frase aqui citada, porém, não destaca essas barreiras, mas transfere a culpa para a própria deficiência, como se o problema fosse ela, e não o contexto social excludente.

Portanto, em vez de utilizar essa frase, é mais sensato incentivar a pessoa que está reclamando a adotar uma perspectiva mais positiva, valorizando o que há de bom em sua própria vida sem estabelecer paralelos com outras realidades, experiências e vivências – especialmente, sem reduzir a existência das pessoas com deficiência à ideia de sofrimento.

“COITADA, AQUELA MENINA ESTÁ CONFINADA A UMA CADEIRA DE RODAS.

“Confinado”: preso, delimitado, encarcerado. Considerando esses sinônimos, será que pessoas que usam cadeiras de rodas estão realmente confinadas? Ou será que esse recurso de acessibilidade possibilita mais liberdade, autonomia e independência?

Imagine uma pessoa que precisa da cadeira de rodas para se locomover. Se esse recurso não existisse, como seria essa locomoção? A pessoa dependeria sempre de alguém? Jamais sairia da cama? Quando fazemos essas perguntas, entendemos como a cadeira de rodas permite que pessoas com deficiência física tenham mais autonomia.

O que devemos problematizar são as barreiras à locomoção, considerando que muitos espaços ainda não são acessíveis. A Lei de Acessibilidade classifica as barreiras como arquitetônicas (urbanísticas, em edificações e no transporte) e comunicativas (relativas a meios e sistemas de comunicação). Para evitar essas barreiras, a legislação assegura às pessoas com deficiência física direitos como espaços reservados em conferências, teatros e outros locais, rampas de acesso conformes às normas da Associação Brasileira de

Normas Técnicas (ABNT), elevadores em estabelecimentos públicos e privados, banheiros acessíveis e vagas de estacionamento próximas a entradas, entre vários outros itens.

Se a legislação fosse seguida, as pessoas não enxergariam a cadeira de rodas como confinamento, mas como um recurso que proporciona bem-estar e qualidade de vida. Assim, é nosso papel nos mobilizarmos para garantir esses direitos, começando por aquilo que podemos fazer individualmente: a mudança do nosso vocabulário. Então, que tal substituir a expressão aqui citada por "Aquela menina usa cadeira de rodas"? Afinal, a cadeira de rodas é um facilitador da mobilidade que ajuda as pessoas a ter seu direito de ir e vir respeitado.

A ARMADILHA DAS CONVERSAS INFANTILIZADAS

Você já presenciou um adulto sendo tratado como uma criança só por ter uma deficiência? Já conheceu pessoas adultas com deficiência que foram privadas de informações sobre relações sexuais ou reprodução humana? Ou, ainda, já viu um adulto vestindo roupas infantis? Ou já presenciou alguém excluindo uma pessoa afirmando que ela não entenderá determinado assunto só por ter uma deficiência?

Uma das principais manifestações do capacitismo é a infantilização da pessoa com deficiência, que pode ocorrer com diversas deficiências. Neste momento, vamos destacar algumas frases que, em particular, acabam infantilizando e diminuindo pessoas com deficiência intelectual, perpetuando a ideia equivocada de que elas serão "eternas crianças". Tal ideia pode limitar as possibilidades dessas pessoas, que também precisam desenvolver maturidade e senso de responsabilidade em suas atividades.

Vamos analisar algumas frases e refletir sobre formas mais adequadas de se expressar?

IMPORTANTE

As pessoas com deficiência devem ser tratadas conforme a idade que têm. Quando necessário, é preciso, sim, proporcionar adaptações para a compreensão de conteúdos e a execução de tarefas. No entanto, jamais devemos privá-las da apropriação de informações.

"ELE TEM 30 ANOS, MAS A IDADE MENTAL É DE 5.

Esse é um claro exemplo de infantilização da deficiência. A "idade mental" de uma criança de 5 anos é muito diferente da de um adulto de 30, certo? Assim, ao afirmar que alguém tem a idade mental de uma criança, estamos perpetuando um discurso capacitista que reduz a complexidade da vivência dessa pessoa.

Na realidade, o que existem são deficiências intelectuais, que podem ser diagnosticadas com base em alterações relacionadas a habilidades intelectuais e ao funcionamento adaptativo. Dizer que uma pessoa "parece uma criança", ou que sua "idade mental" é inferior, contribui para um olhar capacitista que limita sua identidade e suas potencialidades. Algo que devemos evitar, não é mesmo?

SUGESTÃO

A infantilização não afeta apenas pessoas com deficiência intelectual. Sobre esse ponto, indicamos o filme *Hasta la vista: venha como você é* (2011), que retrata a história de três jovens com diferentes deficiências, mostrando o que acontece quando eles decidem viajar sem os pais.

Ao longo do filme, os protagonistas enfrentam barreiras sociais, físicas, emocionais e psicológicas, bem como o tabu da sexualidade. A resistência da família em relação à viagem é outra questão abordada, retratando uma situação comum na vida de pessoas com deficiência: muitos familiares, por viverem diariamente com os filhos e presenciarem as barreiras sociais enfrentadas, desenvolvem uma proteção excessiva, criando uma situação de dependência que impede a construção da autonomia.

“ VOCÊ É CASADO(A)? COMO?

Muitos pontos podem ser problematizados quando observamos frases como essa sendo dirigidas a uma pessoa com deficiência. Um deles é a infantilização, já discutida anteriormente. Outro ponto é a sexualidade.

Sobre essa questão, Gustavo Martins Piccolo (2015, p. 199) afirma que sexo e prazer ainda são tabus, principalmente para grupos minoritários, incluindo as mulheres e, neste caso, as pessoas com deficiência, muitas vezes erroneamente vistas como assexuadas. O autor complementa que “a luta por uma política sexual deve ser um dos temas candentes na pesquisa emancipatória sobre a deficiência”.

Outro ponto a ser problematizado é o caráter excludente de determinados padrões estéticos, como se pessoas com deficiência não pudessem ser bonitas ou dignas de amor. Segundo Piccolo (2015, p. 187), "a invalidação estética a que o corpo com deficiência é submetido também tem sua origem na predominância do saber médico no que tange à definição de beleza nas sociedades contemporâneas".

O autor destaca que, a partir das normas de beleza vigentes, os corpos considerados "normais" são vistos como potentes, ilimitados e cheios de possibilidades, enquanto os corpos de pessoas com deficiência são frequentemente definidos por suas limitações. Porém, embora a deficiência faça parte da identidade dessas pessoas, ela não as determina em sua totalidade.

Assim, a surpresa de quem pergunta se uma pessoa com deficiência é casada vai além da curiosidade sobre o relacionamento em si. Ela reflete uma resposta social pautada pela falta de interesse afetivo e sexual das maiorias pelas minorias, reforçando o estigma da assexualidade imposto às pessoas com deficiência como se fossem desprovidas de desejo, independentemente do gênero ou orientação sexual.

Não há necessidade de sugerir uma substituição para a frase mencionada. O ideal, ao se deparar com casais de pessoas com deficiência, é simplesmente desejar que sejam felizes. Pessoas com deficiência podem se casar, ser felizes e viver plenamente suas relações afetivas.

POUCO AFETO QUE MUITO AFETA: TERMOS PEJORATIVOS

Infelizmente, em nossa sociedade ainda circulam termos pejorativos usados para se referir a populações minoritárias. No caso das pessoas com deficiência, ainda ouvimos palavras que, em outros tempos, chegaram a ser usadas como diagnóstico, mas que hoje são simplesmente xingamentos.

Muitas pessoas não conhecem a origem dessas palavras que hoje servem para ofender, diminuir ou ridicularizar alguém, mas é importante entender de onde elas vêm. Conhecer a origem das palavras nos ajuda a construir uma linguagem mais consciente, que respeita as diferenças em vez de as considerar de forma negativa.

Talvez você já tenha ouvido (ou até dito) as frases que veremos a seguir. Se você já as disse, fique tranquilo: como estamos fazendo até aqui, vamos explicar por que essas expressões são inadequadas e mostrar como substituílas por um vocabulário mais inclusivo. Agora, se você nunca disse uma dessas frases, mas já as ouviu, fique atento para orientar outras pessoas quando surgir a oportunidade.

“ VOCÊ É RETARDADO?

Essa frase parece chocante, não é? Principalmente porque ela costuma ser usada com a intenção de ofender. Mas você sabe de onde vem a palavra “retardado”? Hoje um xingamento, no passado ela já foi um termo médico para se referir ao que atualmente chamamos de deficiência intelectual.

Ao longo do tempo, pessoas com deficiência intelectual receberam diferentes nomes, como “excepcional”, “doente mental”, “retardado mental”, “mongol”, “mongoloide”, “pessoa com retardo mental”, “portador de retardo mental”, entre outros. No entanto, desde a aprovação da Declaração de Montreal sobre Deficiência Intelectual pela Organização Mundial da Saúde (OMS), em 2004, “deficiência intelectual” passou a ser considerado o termo correto.

Essa mudança reflete transformações sociais e avanços em pesquisas e políticas públicas. Novas terminologias são criadas para promover mais respeito e combater ideias equivocadas sobre grupos historicamente marginalizados, e o que antes era um diagnóstico hoje é considerado um insulto.

A palavra “retardado” costuma ser usada quando alguém tem dificuldade para entender ou fazer algo, perpetuando o estereótipo de que pessoas com deficiência intelectual são menos capazes ou inteligentes. Esse uso reforça a ideia de que a deficiência é algo negativo, inferior ou problemático. Por isso, a frase mencionada não deve ser dita em nenhum contexto e sequer tem substituição aceitável.

“VOCÊ ESTÁ CEGO? NÃO VIU ISSO BEM NA SUA FRENTE? VOCÊ ESTÁ SURDA? NÃO ESTÁ ME OUVINDO, NÃO?

Essas frases costumam ser ditas por pessoas irritadas ou impacientes. A primeira geralmente quando alguém não encontra um objeto que está próximo ou esbarra nele. A segunda, quando alguém não responde após ser chamado várias vezes – por distração, distância ou barulho no ambiente.

Esses exemplos representam formas veladas de capacitismo. Mas por quê? Porque associam a dificuldade de ver ou ouvir a uma deficiência, como se isso fosse motivo de crítica ou zombaria. No caso das pessoas cegas, é verdade que elas não enxergam, mas por isso mesmo desenvolvem estratégias para se orientar, manter o ambiente organizado e reconhecer espaços com antecedência, por meio de bengalas, pisos táteis, semáforos com sinal sonoro, etc. O problema é que a sociedade ainda impõe muitas barreiras às pessoas cegas e nem sempre oferece os recursos necessários em espaços públicos e privados. Além desses desafios, frases como “Você está cego?” reforçam a ideia de que pessoas cegas são desorientadas ou incapazes, o que é injusto e estigmatizante.

No caso das pessoas surdas, também é verdade que elas não escutam. Existem, porém, outras formas de comunicação, como a Libras. Quando usamos a surdez como metáfora para desatenção, estamos associando uma condição sensorial a uma questão comportamental, o que também é capacitista.

Então, que tal substituir essas expressões por alternativas mais respeitosas? Por exemplo: “Você não está conseguindo encontrar o que procura?”, “Você está me ouvindo? Estou falando com você”. Essas frases mantêm o sentido original, mas sem ofender. Agir com empatia, paciência e respeito é essencial – afinal, todos nós podemos, em algum momento, não ver ou não ouvir algo.

“ ELE É TÃO BAIXINHO, PARECE UM ANÃO.

É comum ouvir esse tipo de comentário quando alguém vê uma pessoa de baixa estatura e a compara, de forma inadequada, com alguém que tem uma deficiência. Essa frase também precisa ser problematizada.

Antes de tudo, é importante dizer que não há substituição aceitável para essa fala. Comentários sobre o corpo, a condição física ou características de uma pessoa – especialmente quando não podem ser mudadas – não devem ser feitos. Outro ponto importante é o uso do termo “anão”. A forma correta de se referir a essas pessoas é “pessoa com nanismo”.

Dizer que alguém parece ser “anão” expressa uma ideia de inferioridade, como se ter estatura baixa fosse algo negativo ou um motivo para comparações depreciativas – e, ao dizer que alguém “parece um anão”, a deficiência é usada como ofensa. Além disso, esse tipo de comentário se encaixa no que chamamos de “capacitismo recreativo” – quando se fazem piadas, ofensas ou comparações envolvendo o corpo de pessoas com deficiência. Isso é ofensivo e desrespeitoso com a comunidade PcD.

Pessoas com nanismo merecem respeito e precisam de recursos que considerem sua estatura para garantir autonomia e funcionalidade no dia a dia (banheiros adaptados, torneiras acessíveis, bebedouros na altura adequada, entre outros). As barreiras arquitetônicas e o desrespeito ainda são um grande desafio para essa população.

A NORMALIDADE QUE A FALA CARREGA

O que significa ser “normal”? E o que é ser “anormal”? Será que estamos dentro ou fora da norma?

Segundo Alfredo Veiga-Neto (2016, p. 74-75), “a norma é o elemento que, ao mesmo tempo em que individualiza, remete ao conjunto dos indivíduos; por isso ela permite a comparação”. O autor ainda afirma que a norma “não admite exterior, fazendo de todos um caso seu: normal ou anormal. O anormal, portanto, está na norma, [...] ainda que seja tomado como um oposto ao normal".

Quando confrontada à norma, a deficiência é vista de forma negativa. Desse confronto surge a ideia de que é necessário "corrigir" ou "reparar" o corpo com técnicas reabilitadoras, para que a pessoa com deficiência se aproxime ao máximo do que se entende como "normal". Isso é evidente, por exemplo, quando pessoas surdas são incentivadas não a usar a Libras, mas a recorrer a aparelhos auditivos ou a implantes cocleares. Essa abordagem, baseada na perspectiva clínica, propõe um modo específico de viver a surdez, centrado na tentativa de adaptação ao padrão ouvinte.

Não se trata de generalizar, afirmando que todas as pessoas surdas que passaram por esse processo se identificam da mesma forma. No entanto, como apontam Adriane Sales *et al.* (2010), é comum que pessoas com deficiência auditiva usem a oralidade como principal forma de comunicação, convivam preferencialmente com ouvintes e se identifiquem com esse grupo. Sujeitas a um processo de normalização, essas pessoas são levadas a se adaptar para se aproximar do que a norma estabelece.

Para além da experiência da comunidade surda, poderíamos mencionar muitos outros paradigmas associados à normalização das pessoas com deficiência. A seguir, vamos refletir sobre esses paradigmas partindo de mais algumas expressões que revelam como enxergamos e tratamos a diversidade humana.

> **"EU TENHO UM VIZINHO, MAS ELE NÃO TEM DEFICIÊNCIA, ELE É NORMAL.**

Embora comum, essa frase carrega pressupostos que precisam ser questionados. Para isso, podemos recorrer ao filósofo Georges Canguilhem (1978), que em sua obra *O normal e o patológico* propõe uma reflexão fundamental: o que é, afinal, a norma de que falamos?

Segundo Canguilhem, não existe uma norma universal. A norma, na verdade, "apenas desempenha seu papel que é o de desvalorizar a existência para permitir a correção dessa mesma existência" (Canguilhem, 1978, p. 54). Ou seja, ela serve como um parâmetro que define o que deve ser corrigido, ajustado ou tratado. A partir disso, a sociedade estabelece o que é considerado "normal" e, por consequência, o que é "anormal".

A frase em questão revela como esse discurso clínico ainda está presente em nosso cotidiano. Define-se o que é normal com base em funções corporais, níveis de inteligência e padrões de comportamento. No entanto, como o próprio Canguilhem afirma, a saúde perfeita não existe. O que temos é uma média estatística, construída a partir da observação de um grupo de indivíduos. Essa média, por sua vez, é usada como referência para classificar todos os outros.

Quando pensamos na deficiência com essa lógica, ela passa a ser vista como algo que precisa ser corrigido. Isso se manifesta quando se espera que uma pessoa surda ouça, que uma pessoa cadeirante ande, que uma pessoa muda fale ou que uma pessoa cega enxergue. A norma se torna um ideal a ser alcançado, e qualquer desvio é tratado como falha.

Canguilhem nos convida a refletir: será que devemos considerar qualquer desvio como anormal? A resposta está na valorização das individualidades. Cada pessoa se aproxima ou se distancia da norma de maneiras diferentes, e é justamente aí que reside a diversidade humana.

Impor uma norma única gera exclusões e reforça processos de normalização que desconsideram a pluralidade dos corpos e das experiências humanas. Por isso, ao invés de dizer "eu tenho um vizinho, mas ele é normal", podemos simplesmente dizer "eu tenho um vizinho". Não há necessidade de associar a deficiência – ou a ausência dela – a uma ideia de normalidade. Como reforça Canguilhem (1978, p. 119): "Não faço uma estatística sobre um certo número de indivíduos. Considero um único indivíduo".

Cabe a nós desconstruir padrões e normas que limitam a convivência com a diversidade. Isso inclui questionar discursos médicos, sociais e culturais que impõem modelos únicos de existência. Afinal, viver em sociedade é reconhecer e respeitar as diferenças.

SERÁ QUE SEUS FILHOS VÃO NASCER NORMAIS?

Essa pergunta infelizmente ainda é feita a pessoas com deficiência que estão esperando um bebê – um momento muitas vezes planejado e repleto de expectativas. Frases como essa desrespeitam e minimizam a experiência da gestação. A expectativa de qualquer pessoa é que seu filho nasça saudável, e a saúde não se confunde com ausência de deficiência. Como já discutimos, deficiência não é doença.

A partir da perspectiva de Philippe Ariès (1973), compreendemos que o reconhecimento da família como instituição social foi um processo histórico e gradual. Hoje, sabemos que a organização familiar não precisa seguir um modelo heteronormativo ou padronizado. Famílias com duas mães, ou com dois pais, com ou sem deficiência, são legítimas e merecem respeito. Cada uma carrega suas singularidades.

Frases como a que estamos analisando podem gerar insegurança em famílias que estão à espera de um filho. Elas reforçam preocupações com barreiras sociais, acessibilidade, escolarização e outras dificuldades que não contribuem em nada para o bem-estar da gestante. Além disso, esse tipo de comentário pode influenciar negativamente a forma como os pais recebem e processam um possível diagnóstico. Como aponta Agnes Cruz (2010, p. 86), diante de informações médicas, os pais podem iniciar uma busca por "soluções" para a deficiência, tentando "resgatar" o filho de uma condição que, na verdade, não precisa ser corrigida.

Em seu estudo, Kathryn Harrison (1994) também identificou que muitas famílias relatam sentimentos de dor e fragilidade ao receber um diagnóstico, especialmente quando têm pouco conhecimento sobre a deficiência. Nesses casos, é comum o desejo de que a criança "volte à normalidade", o que reforça ainda mais a ideia de que a deficiência é algo a ser superado.

Por isso, a frase em questão não tem substituição aceitável. Quando encontrarmos uma pessoa grávida – com ou sem deficiência – devemos desejar o que desejaríamos a qualquer outra gestante: conquistas, realizações e uma vida familiar repleta de amor.

ARREMATANDO AS IDEIAS

Neste capítulo, refletimos sobre frases capacitistas, analisamos por que certos termos devem ser evitados e propusemos alternativas mais respeitosas. Esse é um passo importante no processo de letramento para uma linguagem anticapacitista. Afinal, o que precisamos corrigir é o capacitismo, e não a deficiência – pois, como nos lembra Foucault (2010), o que define o indivíduo como alguém a ser "corrigido" é, justamente, o fato de ele ser incorrigível.

Concluindo:

VOCÊ ESTÁ PRONTO?

Ufa, chegamos ao final deste percurso! Como você deve ter percebido, ao longo da história as pessoas com deficiência foram expostas às mais diversas situações – ora vistas como monstros, ora como super-heróis. Recapitulando toda essa história, você já parou para pensar em quantos relatos temos para compartilhar, quantas histórias vivenciamos em nosso cotidiano, quantos quasímodos ainda moram em suas torres? E qual é o nosso papel diante de todas essas situações?

Comparar o debate atual sobre deficiência com outros momentos é trazer à tona a percepção de que evoluímos, de que muitas coisas mudaram. Saímos de um contexto de total exclusão, passando pela segregação e pela integração até chegarmos à inclusão. Vivemos em uma sociedade perfeita? É claro que não, mas tivemos mudanças significativas. É fato que o preconceito ainda reverbera em nossos dias, mas nosso papel é seguir em frente, fazendo a diferença e ajudando a construir uma sociedade mais justa e equitativa.

Embora nós, autoras, sejamos jovens, trabalhamos com educação especial (que de "especial", aliás, não tem nada) já há alguns anos. Quando começamos, alguns questionamentos nos acompanhavam. Entre eles, estava a pergunta: "A inclusão é, de fato, o melhor caminho?". Naquela época, talvez pela imaturidade ou pela complexidade do tema, não conseguíamos avançar na busca por uma resposta. Hoje, as respostas se desenham com mais clareza. Depois de alguns anos inseridas no contexto da pesquisa e na linha de frente do trabalho educacional com pessoas com deficiência, podemos afirmar que, sim, a inclusão é o melhor caminho.

O percurso que percorremos nos dá um lugar de fala para fazer tal afirmação – e desejamos que, após esta leitura, seu lugar de fala também possa ser outro. Que você assista a um filme que aborda o tema da deficiência com um olhar crítico sobre os personagens e o enredo. Que não normalize o capacitismo. Que repense seus atos e desconstrua no dia a dia atitudes e comportamentos preconceituosos que se perpetuam. Que valorize e dissemine uma perspectiva social sobre a deficiência.

Atitudes, comportamentos e valores podem ser mudados e repensados. É mais do que necessário entender que, quando falamos ou agimos de determinada forma, podemos ferir o direito do outro, diminuir sua existência, impedi-lo de participar plenamente da vida social. Barreiras atitudinais não cabem mais em nossa sociedade. Todos temos o direito a uma vida digna e o dever de atuar como cidadãos que contribuem para construir um mundo que valorize a diversidade.

Pelo simples fato de nos ter dado crédito e chegar até aqui, temos a esperança de que, após esta leitura, você contribua com essa construção. O capacitismo, essa prática preconceituosa que impõe barreiras, falas inadequadas e atitudes que inferiorizam e impedem o exercício pleno da cidadania, não pode mais ser normalizado. Por isso, além de colocar o que aprendeu em prática, ajude-nos divulgando esta obra e compartilhando o que aprendeu com ela.

Agora, para encerrar com mais uma história, vamos refletir sobre uma fábula?

A ASSEMBLEIA DOS RATOS

Era uma vez uma colônia de ratos que vivia com medo de um gato. Um dia, resolveram fazer uma assembleia para encontrar um jeito de acabar com aquele transtorno. Muitos planos foram discutidos e abandonados. No fim, um rato jovem e esperto se levantou e deu uma excelente ideia: pendurar uma sineta no pescoço do gato. Assim, sempre que o gato estivesse por perto, eles ouviriam a sineta e poderiam fugir. Todos os ratos bateram palmas: o problema estava resolvido.

Vendo aquilo, um velho rato, que tinha ficado o tempo todo calado, se levantou. Ele disse que o plano era muito inteligente e ousado e que, com certeza, as preocupações deles poderiam chegar ao fim. Só faltava uma coisa: quem ia pendurar a sineta no pescoço do gato?

O QUE NOS MOSTRA ESSA FÁBULA? INDEPENDENTEMENTE DE BOAS IDEIAS E INTENÇÕES, É FUNDAMENTAL TORNÁ-LAS REAIS. E VOCÊ, JÁ PAROU PARA PENSAR POR ONDE VAI COMEÇAR? QUAIS COMPORTAMENTOS, ATITUDES E AÇÕES VOCÊ PRECISA DESCONSTRUIR?

REFERÊNCIAS

ARANHA, Maria Salete Fábio. Inclusão social e municipalização. *In*: MANZINE, Eduardo José (org.). **Educação especial**: temas atuais. Marília: Oficina Universitária; São Paulo: Cultura Acadêmica, 2000. p. 1-9.

ARIÈS, Philippe. **História social da criança e da família**. 2. ed. Rio de Janeiro: LTC, 1973.

BARATO, Jarbas Novelino. Conhecimento, trabalho e obra: uma proposta metodológica para a educação profissional. **Boletim Técnico do Senac**, Rio de Janeiro, v. 34, n. 3, p. 4-15, 2008.

BERT, Jean-François. Regular pela norma: as instituições disciplinares. *In*: BERT, Jean-François. **Pensar com Michel Foucault**. São Paulo: Parábola, 2013. p. 49-98.

BRASIL. [Constituição (1988)]. **Constituição da República Federativa do Brasil de 1988**. Brasília, DF: Presidência da República, [2025]. Disponível em: https://www.planalto.gov.br/ccivil_03/constituicao/constituicao.htm. Acesso em: 16 nov. 2024.

BRASIL. **Decreto nº 11.487, de 10 de abril de 2023**. Institui o Grupo de Trabalho sobre a Avaliação Biopsicossocial Unificada da Deficiência no âmbito do Ministério dos Direitos Humanos e da Cidadania. Brasília, DF: Presidência da República, [2023]. Disponível em: https://www.planalto.gov.br/ccivil_03/_ato2023-2026/2023/decreto/d11487.htm. Acesso em: 18 nov. 2024.

BRASIL. **Lei nº 8.112, de 11 de dezembro de 1990**. Dispõe sobre o regime jurídico dos servidores públicos civis da União, das autarquias e das fundações públicas federais. Brasília, DF: Presidência da República, [2025]. Disponível em: https://www.planalto.gov.br/ccivil_03/leis/l8112cons.htm. Acesso em: 16 nov. 2024.

BRASIL. **Lei nº 8.213, de 24 de julho de 1991**. Dispõe sobre os Planos de Benefícios da Previdência Social e dá outras providências. Brasília, DF: Presidência da República, [2024]. Disponível em: https://www.planalto.gov.br/ccivil_03/leis/l8213cons.htm. Acesso em: 16 nov. 2024.

BRASIL. **Lei nº 10.098, de 19 de dezembro de 2000**. Estabelece normas gerais e critérios básicos para a promoção da acessibilidade das pessoas portadoras de deficiência ou com mobilidade reduzida, e dá outras providências. Brasília, DF: Presidência da República, [2023]. Disponível em: https://www.planalto.gov.br/ccivil_03/leis/l10098.htm. Acesso em: 24 fev. 2025.

BRASIL. **Lei nº 10.436, de 24 de abril de 2002**. Dispõe sobre a Língua Brasileira de Sinais – Libras e dá outras providências. Brasília, DF: Presidência da República, [2010].

Disponível em: https://www.planalto.gov.br/ccivil_03/leis/2002/l10436.htm. Acesso em: 24 fev. 2025.

BRASIL. **Lei nº 13.146, de 6 de julho de 2015**. Institui a Lei Brasileira de Inclusão da Pessoa com Deficiência (Estatuto da Pessoa com Deficiência). Brasília, DF: Presidência da República, [2024]. Disponível em: https://www.planalto.gov.br/ccivil_03/_ato2015-2018/2015/lei/l13146.htm. Acesso em: 16 nov. 2024.

BRASIL. **Lei nº 14.624, de 17 de julho de 2023**. Altera a Lei nº 13.146, de 6 de julho de 2015 (Estatuto da Pessoa com Deficiência) [...]. Brasília, DF: Presidência da República, [2023]. Disponível em: https://www.planalto.gov.br/ccivil_03/_ato2023-2026/2023/lei/l14624.htm. Acesso em: 29 nov. 2024.

BRASIL. Ministério da Saúde. **Política Nacional de Saúde da Pessoa com Deficiência**. Brasília, DF: Editora do Ministério da Saúde, 2010.

BRASIL. Ministério dos Direitos Humanos e da Cidadania. **Relatório final do grupo de trabalho sobre avaliação biopsicossocial unificada da deficiência**. Brasília, DF: Ministério dos Direitos Humanos e da Cidadania, 2024.

BRASIL tem 18,6 milhões de pessoas com deficiência, indica pesquisa divulgada pelo IBGE e MDHC. **Gov.br**, Brasília, DF, 8 set. 2023. Disponível em: https://www.gov.br/mdh/pt-br/assuntos/noticias/2023/julho/brasil-tem-186-milhoes-de-pessoas-com--deficiencia-indica-pesquisa-divulgada-pelo ibge-e-mdhc. Acesso em: 10 out. 2024.

BRISENDEN, Simon. Independent living and the medical model of disability. **Disability, Handicap & Society**, [*S. l.*], v. 1, n. 2, p. 173-188, 1986.

CANGUILHEM, Georges. **O normal e o patológico**. Rio de Janeiro: Forense Universitária, 1978.

CARDOSO, Adalberto. **A construção da sociedade do trabalho no Brasil**: uma investigação sobre a persistência secular das desigualdades. 2. ed. Rio de Janeiro: Amazon, 2019.

CENTRO COLABORADOR DA ORGANIZAÇÃO MUNDIAL DA SAÚDE PARA A FAMÍLIA DE CLASSIFICAÇÕES INTERNACIONAIS (org.). **CIF**: Classificação Internacional de Funcionalidade, Incapacidade e Saúde. São Paulo: Editora da Universidade de São Paulo, 2022.

COLLINS, Patricia Hill. **Black feminist though**t: knowledge, consciousness, and the politics of empowerment. 2. ed. New York: Routledge, 1990. (Perspectives on gender).

CONCEIÇÃO, Bianca Salles. **Práticas discursivas sobre a surdez e a educação infantil**: diálogo com familiares. 2019. Dissertação (Mestrado em Educação Especial) – Centro de Educação e Ciências Humanas, Universidade Federal de São Carlos, São Carlos, 2019.

CONCEIÇÃO, Bianca Salles; MARTINS, Vanessa Regina de Oliveira. Discursos de pais de crianças surdas: educação infantil e a presença da Libras. **Educação**, Santa Maria, v. 44, p. 1-24, 2019.

CONCEIÇÃO-DE-ANDRADE, Bianca Salles. **Regimes de verdade em territórios surdos**: mídias sociais como dispositivos biopolíticos nos processos de subjetivação de vidas surdas. 2022. Tese (Doutorado em Educação Especial) – Centro de Educação e Ciências Humanas, Universidade Federal de São Carlos, São Carlos, 2022.

COPETTI, Aline Marques; BISOL, Cláudia Alquati. O capacitismo como barreira para a inclusão escolar. *In*: Colóquios de Política e Gestão da Educação, 4., 2023, Sorocaba. **Anais** [...]. Sorocaba: Universidade Federal de São Carlos, 2023. p. 415-419.

COSTA, Laís Silveira *et al.* **Combata o capacitismo**: orientações para o respeito à diversidade humana. Rio de Janeiro: Fiocruz, 2023. Disponível em: https://www.gov.br/mdh/pt-br/assuntos/noticias/2024/janeiro/Guia_Capacitismo_03_11_23.pdf. Acesso em: 24 fev. 2025.

CRUZ, Agnes Luiza Fracasso da. Os surdos e sua relação com a família: fatores de inclusão/exclusão e aprendizagem. **Revista Pandora Brasil**, [*S. l.*], n. 17, p. 85-93, abr. 2010.

DARCANCHY, Mara Vidigal. **Responsabilidade social nas relações laborais do deficiente**. São Paulo: LTr, 2007.

FACHINETTI, Tamiris Aparecida. **Visão docente e de alunos com deficiência sobre a inclusão na educação superior**. 2018. Dissertação (Mestrado em Educação Escolar) – Faculdade de Ciências e Letras, Universidade Estadual Paulista Júlio de Mesquita Filho, Araraquara, 2018.

FOUCAULT, Michel. **Estratégia, poder-saber**. Rio de Janeiro: Forense Universitária, 2006. (Ditos & Escritos, vol. IV).

FOUCAULT, Michel. **O governo de si e dos outros**: curso dado no Collège de France (1982-1983). São Paulo: WMF Martins Fontes, 2010.

GOFFMAN, Erving. **Estigma**: notas sobre a manipulação da identidade deteriorada. 4. ed. Rio de Janeiro: LTC, 1988.

HARRISON, Kathryn Marie Pacheco. **A surdez na família**: uma análise de depoimentos de pais e mães. 1994. Dissertação (Mestrado em Ciências da Saúde) – Pontifícia Universidade Católica de São Paulo, 1994.

HUGO, Victor. **O corcunda de Notre-Dame**. São Paulo: Companhia das Letras, 2018.

IGNARRA, Carolina; SAGA, Billy. **Manual anticapacitista**: o que você precisa saber para se tornar uma pessoa aliada contra o capacitismo. São Paulo: Jandaíra, 2023.

INSTITUTO BRASILEIRO DE GEOGRAFIA E ESTATÍSTICA. **PNAD contínua**: pessoas com deficiência: 2022. Rio de Janeiro: IBGE, 2023. Disponível em: https://agenciadenoticias.ibge.gov.br/media/com_mediaibge/arquivos/0a9afaed04d79830f73a16136dba23b9.pdf. Acesso em: 16 maio 2025.

LOCKMANN, Kamila. Assistência social, biopolítica e governamentalidade neoliberal. **Textura**, Canoas, n. 28, p. 33-48, maio/ago. 2013.

MARTINS, Vanessa Regina de Oliveira; LACERDA, Cristina Broglia Feitosa de. Educação inclusiva bilíngue para surdos: problematizações acerca das políticas nacionais linguísticas. **Revista de Educação PUC-Campinas**, Campinas, v. 21, n. 2, p. 163-178, 2016.

MARTINS, Vanessa Regina de Oliveira; LACERDA, Cristina Broglia Feitosa de. Possíveis diálogos entre teoria, saberes e experiências docentes numa proposta de educação bilíngue. *In*: GOMES, Gerarda Neiva Cardins; NASCIMENTO, Juliana de Brito Marques do (org.). **Experiências exitosas em educação bilíngue para surdos**. Fortaleza: Seduc, 2011. p. 27-44.

MENDES, Enicéia Gonçalves. A radicalização do debate sobre inclusão escolar no Brasil. **Revista Brasileira de Educação**, v. 11, n. 33, p. 387-405, 2006.

ORGANIZAÇÃO DAS NAÇÕES UNIDAS. **Declaração Universal dos Direitos Humanos**. Brasília, DF: ONU, 2020. Disponível em: https://brasil.un.org/p t-br/91601-declara%C3%A7%C3%A3o-universal-dos-direitoshumanos. Acesso em: 2 nov. 2024.

ORGANIZAÇÃO DAS NAÇÕES UNIDAS PARA A EDUCAÇÃO, A CIÊNCIA E A CULTURA. **Declaração de Salamanca sobre princípios, política e práticas na área das necessidades educativas especiais**, 1994. Brasília, DF: Unesco, 1998. Disponível em: https://unesdoc.unesco.org/ark:/48223/pf0000139394. Acesso em: 26 fev. 2025.

PESSOTTI, Isaías. **Deficiência mental**: da superstição à ciência. São Paulo: Edusp, 1984.

PICCOLO, Gustavo Martins. **Por um pensar sociológico sobre a deficiência**. Curitiba: Appris, 2015.

RIBEIRO, Djamila. **O que é lugar de fala?** Belo Horizonte: Letramento, 2017.

SALES, Adriane M. *et al.* **Deficiência auditiva e surdez**: visão clínica e educacional. São Paulo: UFSCar, 2010. (Seminário apresentado na UFSCar).

SANTOS, Allyne Cristina dos. **Inserção laboral das pessoas com deficiência no Sistema S da cidade de São Carlos.** 2018. Tese (Doutorado em Educação Especial) – Centro de Educação e Ciências Humanas, Universidade Federal de São Carlos, São Carlos, 2018.

SASSAKI, Romeu Kazumi. **As sete dimensões da acessibilidade**. São Paulo: Larvatus Prodeo, 2019.

SASSAKI, Romeu Kazumi. Como chamar as pessoas que têm deficiência? *In*: SASSAKI, Romeu Kazumi. **Vida independente**: história, movimento, liderança, conceito, filosofia e fundamentos. São Paulo: RNR, 2003. p. 12-16.

SASSAKI, Romeu Kazumi. Inclusão: acessibilidade no lazer, trabalho e educação. **Revista Nacional de Reabilitação (Reação)**, São Paulo, ano 12, p. 1016, mar./abr. 2009.

SASSAKI, Romeu Kazumi. **Inclusão**: construindo uma sociedade para todos. Rio de Janeiro: WVA, 1997.

SKLIAR, Carlos. **Pedagogia (improvável) da diferença**: e se o outro não estivesse aí? Rio de Janeiro: DP&A, 2003.

VEIGA-NETO, Alfredo. **Foucault & a educação**. 3. ed. Belo Horizonte: Autêntica, 2016.

VEIGA-NETO, Alfredo. Incluir para excluir. *In*: LARROSA, Jorge; SKILAR, Carlos. **Habitantes de Babel**: políticas e poéticas da diferença. Belo Horizonte: Autêntica, 2001a. p. 105-118.

VEIGA-NETO, Alfredo. Incluir para saber. Saber para excluir. **Pro-Posições**, Campinas, v. 12, n. 2-3, p. 22–31, 2001b. Disponível em: https://periodicos.sbu.unicamp .br/ojs/index.php /proposic/article/view/8643993. Acesso em: 28 nov. 2024.

VYGOTSKY, Lev Semenovich. **Obras escogidas V**: fundamentos de la defectología. Madrid: Visor, 1983.

WITCHS, Pedro Henrique; LOPES, Maura Corini. Surdez como matriz de experiência. **Revista Espaço**, Rio de Janeiro, n. 43, jan./jun. 2015.

WORLD HEALTH ORGANIZATION. **International classification of functioning, disability and health**. Geneva: WHO, World Health Organization; 2001. Disponível em: https://unstats.un.org/unsd/disability/pdfs/ac.81-b4.pdf. Acesso em: 19 nov. 2024.

SOBRE AS AUTORAS

ALLYNE CRISTINA DOS SANTOS é doutora e mestra em educação especial (UFSCar). Tem especializações em psicopedagogia clínica e institucional (UniFECAF), educação especial e inclusiva (Unicep) e docência profissional (Senac). Atua como docente no Senac São Carlos nos programas Aprendizagem (área de desenvolvimento social) e Educação para o Trabalho – Trampolim.

BIANCA SALLES CONCEIÇÃO DE ANDRADE é doutora e mestra em educação especial, pesquisadora do Grupo de Pesquisa em Educação de Surdos, Subjetividades e Diferenças e tutora de curso de especialização em educação de surdos em abordagem bilíngue (UFSCar). No Senac, é docente em cursos de Libras e no Programa Educação para o Trabalho – Trampolim e multiplicadora da Educação Corporativa.

TAMIRIS APARECIDA FACHINETTI é doutora em educação (UFSCar) e mestra em educação escolar (Unesp). No Senac São Paulo, atua como coordenadora de negócios educacionais na frente de Governança de Inovação e como multiplicadora da Educação Corporativa. É também pesquisadora na Rede Universitas/BR.